NOTIONS HISTORIQUES

SUR

LES VITRAUX ANCIENS ET MODERNES,

ET SUR L'ART

DE LA PEINTURE VITRIFIÉE,

Par Emile Thibaud;

SUIVIES

D'UN APPENDICE SUR LA MANUFACTURE DE **VITRAUX PEINTS**, CRÉÉE
PAR L'AUTEUR, A CLERMONT-FERRAND.

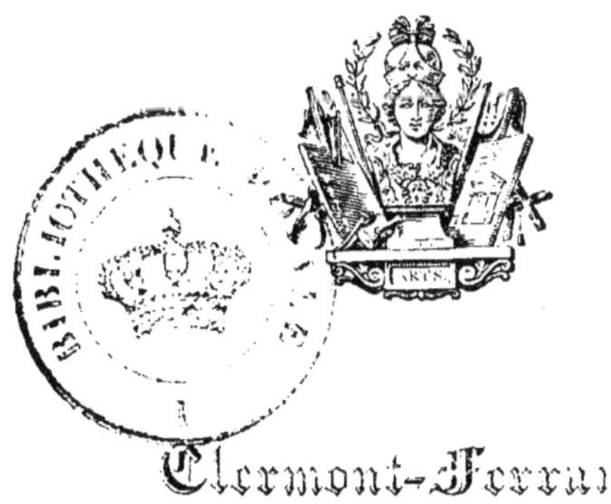

Clermont-Ferrand,

IMPRIMERIE DE THIBAUD-LANDRIOT,

Rue St-Genès, n° 8.

—

1838.

Depuis 1757, jusqu'à nos jours, on a écrit et on a prouvé que l'art de peindre sur verre n'était pas perdu, qu'il était seulement peu ou point pratiqué ; on n'en répète pas moins tous les jours qu'il faut retrouver cet art, l'aller chercher même à l'étranger, où l'on vient de le retrouver.

(A. BRONGNIART, 1829.

A Messieurs

Les Membres du Congrès scientifique et
de la Société française pour la conservation des Monuments historiques.

MESSIEURS,

J'avais préparé ce petit travail spécialement pour
les séances du Congrès tenu cette année à Clermont;
mais la diversité des parties qu'il embrasse, archéologie, beaux-arts, industrie, ne me permettait pas
de le diviser pour chacune de ces diverses sections,
et sa lecture en séance publique eût été longue et
d'un médiocre intérêt. J'ai préféré le faire imprimer,

*et en mettre les exemplaires à la disposition de
M. le président du Congrès, et de la Société de conservation des monuments historiques. Le résultat
que je désirerais le plus vivement obtenir en répan-
dant cet écrit, serait de recevoir de ceux de vous,
Messieurs, qui ont dirigé leurs recherches vers le
même but, quelques observations nouvelles ou quelques rectifications de faits, que je m'empresserais
de consigner avec les noms de leurs auteurs dans
l'ouvrage que je m'occupe de publier.*

*Agréez, Messieurs, l'assurance des sentiments dis-
tingués avec lesquels j'ai l'honneur d'être*

Votre très-humble et très-dévoué serviteur,

Emile THIBAUD,

Membre du Congrès et de la Société française pour la conservation des monuments
historiques.

En 1835 , je publiai , sur la peinture sur verre ,
une notice historique qui fut lue à l'académie des
sciences, belles-lettres et arts de Clermont, et im-
primée dans les Annales de cette société. Mon but
fut alors d'appeler l'attention du public sur l'art.
nouveau pour notre époque, auquel je venais de
me vouer , art si peu connu , que les hommes,
même les plus avancés dans la science , soutenaient
que le *secret* de la peinture sur verre était perdu
à tout jamais.

Il est certain que , il y a peu d'années , l'art de
la peinture sur verre n'était connu que d'un très-
petit nombre d'artistes praticiens, et de quelques
archéologues qui s'étaient à peine occupés de recherches sérieuses sur les ouvrages des peintres
verriers du moyen âge, échappés au temps , au
vandalisme des partis , ou à la cupidité des bro-
canteurs. Quant à l'histoire de l'art, elle existait
toute entière dans les ouvrages d'Audicquer , de
Blancourt, Néri, Kunkel, Felibien, Leviel, etc. ;
mais ces ouvrages, rendus nuls par leur rareté,
étaient restés dans l'oubli ; il ne s'agissait cepen-

dant que de les exhumer et les rajeunir ; c'est ce qu'essaya de faire, en 1832, M. H. Langlois, que la mort vient d'enlever aux arts. Son travail, fort remarquable sous le rapport archéologique, eût eu bien plus de succès, si la pratique fût venue prêter son appui à ses recherches et à ses compilations. Avant lui, en 1829, M. A. Brongniart, directeur de la manufacture royale de Sèvre, publia un mémoire des plus remarquables, et dont les décisions doivent être acceptées par la science.

Enfin, au commencement de ce siècle, lorsque les ruines de nos monuments religieux couvraient encore le sol, M. Alexandre Lenoir recueillait et classait dans son musée des Petits-Augustins, les précieux débris de nos anciens vitraux. C'est à cet infatigable antiquaire que nous devons les premières recherches remarquables, tentées depuis la décadence de la peinture sur verre. Cependant, malgré tous ces précieux éléments de renaissance, cet art est resté long-temps stationnaire, et ce n'est guère que depuis deux ans que la réaction s'est réellement fait sentir.

On avait tout usé, on avait fouillé toutes les richesses de l'antiquité et du moyen âge, et je ne sais par quelle singulière fascination, cette partie si intéressante de l'art avait échappé aux explorateurs ; aussi, au premier éveil, se jetèrent-ils sur cette nouvelle pâture, avec tout l'empressement que donne ce besoin de nouveauté dont nous sommes tourmentés. Le savant, l'industriel, et surtout le feuilletoniste , l'ont successivement exploité ; il n'est pas un journal qui n'ait donné sa notice sur la peinture sur verre , comme il aurait donné sa notice sur Alger , Anvers ou Constantine. Quant à des traités complets et consciencieux , il n'en a pas paru , du moins dans le commerce ; car je ne rangerai pas encore dans ce nombre les deux livraisons de l'ouvrage , sur grand format , de M. de Lasterye , ouvrage de compilation quant au texte , et chef-d'œuvre de patience quant aux planches , qui sont un *fac simile* fort exact des vitraux des XIIe et XIIIe siècles. Du reste, le prix exorbitant de cet ouvrage (1), le rend inaccessible à la grande majorité du public.

Je crois donc que le but que je m'étais proposé, il y a trois ans, n'a pas encore été atteint. Le public n'a pas encore en sa possession des documents assez complets et assez répandus. Il ne me suffisait pas de pouvoir dire, avec quelque satisfaction, que j'avais devancé le mouvement progressif que j'ai signalé plus haut, il fallait aussi ne pas rester en arrière ; il fallait, en un mot, pour accomplir ma tâche, essayer de rendre mon art aussi populaire qu'il l'était au moyen âge ; c'est ce que j'ai pensé pouvoir faire, soit en exécutant de nombreux et vastes travaux de peinture sur verre, soit en publiant le résultat de mes nouvelles études et de

(1) 15 fr. la livraison de 2 planches et 4 pages de texte. L'ouvrage aurait environ 20 à 25 livraisons.

mes recherches (1), dont cet opuscule n'est qu'un extrait qui sera répandu en assez grand nombre, pour que sa lecture suffise à ceux qui n'ont besoin que de connaissances superficielles, et prépare les autres à des notions plus complètes.

---

(1) Études historiques et technologiques sur les vitraux anciens et modernes; 1 v. in-8°.

DU VERRE.

Son Origine et son Histoire.

L'histoire du vitrail, et l'intelligence de ses procédés, ne peuvent avoir lieu sans commencer par donner quelques notions sur l'origine du verre, sur les moyens employés à sa fabrication, et sur ses diverses applications depuis sa découverte jusqu'à nos jours.

Le verre joue dans un vitrail un rôle bien autrement important que la toile dans un tableau; il prête sa transparence, son éclat et son inaltérabilité aux couleurs qui lui sont incorporées, soit par le feu de moufle, soit en masse, dans les pots de verreries. Sa composition est aussi de la plus grande importance dans les travaux des peintres verriers.

L'art de la vitrification est presque aussi ancien que le monde, ou du moins sa découverte a dû suivre de près celle des métaux et de la poterie. Des recherches fort curieuses, et de longues dissertations, ont été faites à ce sujet. P. Leviel, dans son Traité de peinture sur verre, y consacre dix à douze pages in-folio, flanquées de nombreuses citations, dont plusieurs sont empruntées à Merret, Néri, Kunkel et autres. Je ne puis faire autrement que de reproduire les parties les plus saillantes de ces recherches, sans oublier de citer le conte absurde que Pline a accrédité sur la découverte du verre, conte que tous les auteurs qui sont venus après lui ont répété.

Des marchands phéniciens, arrêtés sur les bords du Belu

et voulant faire cuire leurs aliments, se servirent, pour entourer le foyer, de quelques morceaux de nitre ; l'action du feu les ayant fait fondre et incorporer avec le sable ou d'autres matières vitrifiables qui se trouvaient dans le foyer, procurèrent de petites masses de verre. D'autres varient la version, et font dépendre cette découverte de quelques plantes brûlées sur le bord du Belus, et dont les cendres, réunies à une petite quantité de sable, produisirent du verre. Merret (1), en homme expérimenté dans son art, assure qu'il est impossible de faire jamais du verre en brûlant ainsi en plein air, toute plante ou matière propre à cet usage, en telle quantité que ce puisse être, quand on y emploîrait l'action du feu le plus violent. Tout ce qu'on peut induire de ces récits, c'est que le sable du Bélus a pu se trouver plus propre que tout autre à produire de beau verre. Cependant, sans pouvoir, plus que tous ceux qui ont écrit sur cette matière, assigner une date certaine à cette découverte, je me contenterai de rapporter l'opinion commune qui l'attribue aux Phéniciens. Les verreries des Phéniciens étaient célèbres, il y a plus de trois mille ans, dit le savant Loysel (2). On y exécutait des ouvrages en verre fin, qui donnèrent lieu à un commerce considérable, dont l'entrepôt était à Sidon et à Tyr. On y fabriquait des verres de couleur imitant les pierres précieuses ; ce qui suppose des connaissances étendues sur l'emploi des substances métalliques dans la vitrification. On savait appliquer l'or sur le verre, le travailler au tour, le tailler, etc.

Les Grecs, par leurs relations avec les peuples de l'Asie, surent de bonne heure apprécier l'usage du verre, et connaître les moyens de le fabriquer ; mais l'Egypte eut longtemps le monopole de cette fabrication. Les verreries d'Alexandrie alimentaient presque à elles seules les besoins de

---

1. Merret, Art de la verrerie, trad. par d'Holbach.
2. Essai sur l'art de la verrerie, par Loysel, 1 v. in-8. 1799.

luxe à Rome, et les vases de verre, à cette époque, rivalisaient avec les vases d'or. L'empereur Aurélien obligea
les Égyptiens à fournir tous les ans une certaine quantité
de leurs produits de verreries (1). Ce n'est pas qu'à cette
époque les Romains ne connussent parfaitement plusieurs
parties de cet art, non-seulement pour la fabrique du verre,
mais pour les couleurs qu'on y appliquait, d'après le rapport de Strabon (liv. 16). Pline fixe au règne de Néron
l'époque de la création des verreries à Rome. Ces établissements se multiplièrent d'une manière prodigieuse sous les
empereurs. Le comte de Caylus, Winkelman, l'abbé Barthélemy et d'autres antiquaires, se sont occupés de recherches curieuses sur les produits merveilleux des verriers romains, sans oublier de rapporter, toujours d'après Pline,
la fable absurde du *verre malléable* obtenu par le moyen du
grand élixir.

On conserve dans les cabinets, et on trouve encore chaque
jour, dans diverses parties de la France, une foule de fragments de vases en verre blanc ou de couleurs, et de formes
variées avec art. Ces vases, trouvés avec d'autres objets
portant évidemment le cachet des maîtres du monde, pro-
viennent sans doute des ateliers romains. Quant aux verreries
gauloises ou gallo-romaines, il n'en reste ni traditions ni
vestiges, autres que quelques vases de verre commun trouvés dans les tombeaux; mais, soit que ces vases aient été
fabriqués dans les Gaules, soit qu'ils y aient été apportés
d'ailleurs, ils ne feraient soupçonner qu'une fabrication encore dans l'enfance des procédés.

À l'époque où la puissance et la civilisation romaine furent
chassées de l'Occident par le torrent de la barbarie, il est
probable que les verriers, comme les autres artistes, durent
chercher un refuge en Orient, jusqu'au moment où l'Europe
commença sa régénération. Il paraît certain qu'elle dut en

---

1 V. Barthélemy, Voyage en Italie, p. 238 et suivantes.

core l'art de la verrerie à l'antique Phénicie , où il s'était toujours conservé, malgré les guerres fréquentes que ce pays eut à soutenir , les ravages causés par les tremblements de terre , et la conquête qu'en firent les Arabes musulmans.

Les relations que les Vénitiens eurent avec la Phénicie leur donnèrent la facilité de profiter les premiers de cette industrie , dont ils eurent long-temps le monopole.

Ce n'est réellement qu'aux xii° et xiii° siècles que l'on doit rechercher l'histoire de l'établissement de nos principales verreries , et c'est seulement au xvii° siècle , sous le ministère de Colbert , si favorable aux arts et à l'industrie , que la verrerie commença à prendre le développement prodigieux qui s'est continué jusqu'à nos jours , en s'entourant de toutes les ressources nouvelles de la science (1). M. le comte Chaptal évaluait, en 1828 , le nombre des verreries en France à environ cent quatre-vingt-cinq , et leur produit à 20,500,000 fr. Depuis cette statistique , il y a eu un accroissement notable d'établissements et de produits. Je ne citerai à l'appui que la création récente en Auvergne d'une verrerie conçue sur un plan des plus vastes : c'est celle de Mège-Coste , très-habilement dirigée par M. Goulard. Cette verrerie a six fours, dont deux à bouteilles.

Usage du Verre. — Procédés de fabrication.

L'emploi des vaisseaux et ustensiles en verre a précédé certainement de long-temps celui de verres à vitres, qui, d'après tous les documents réunis à ce sujet, est d'une date bien moins ancienne. Malgré l'usage bien répandu du verre parmi les anciens, rien ne nous apprend qu'ils aient su l'appliquer à leurs fenêtres avant le troisième siècle de l'ère chrétienne. On a cru comprendre, d'après différents passages de leurs écrivains, et entre autres, Philon et Sénèque, qu'ils

---

1 V. Dumas, Tr. de Chim. , t. 2, et Loysel, déj. cit.

se servaient, pour garnir les compartiments des fenêtres,
d'une pierre diaphane, *lapis specularis*, et même d'une espèce
de coquille nacrée, *testa perlucens*, qui approchaient du verre
par leur transparence et leur éclat; tandis qu'on trouve dans
Lactance (1) et saint Jérôme (2), écrivains du IIIe au IVe siècle,
des passages qui ne laissent aucun doute sur leur signification. Toujours l'emploi du verre aux fenêtres était-il en vigueur au VIe siècle ; car Fortunat de Poitiers (3) ne tarit
pas d'éloges pour les évêques qui ornaient leurs églises de
grandes fenêtres vitrées, et ses poésies rappellent souvent
l'effet merveilleux qu'elles produisaient aux rayons du soleil levant.

Mais aucun auteur ne nous apprend positivement si les
verres employés dans les églises étaient blancs ou colorés,
et il faut s'en tenir à des inductions. Le verre de couleur
fut toujours plus estimé des anciens; les Romains, qui
fabriquaient du verre blanc défectueux, eurent une préférence marquée pour le bleu; les Egyptiens, qui produisaient de très-beaux ouvrages en verre blanc, préféraient
aussi le verre coloré. Nous pourrions donc conjecturer que,
dès l'époque où écrivait Fortunat de Poitiers, les vitres des
églises étaient colorées. Son enthousiasme pour le bel effet
qu'y produisaient les premiers rayons du soleil ne peut s'expliquer que par des verres colorés; et Grégoire de Tours, en
prenant la peine de parler d'un vol de vitres commis dans
une église, vol qui rapporta quelque profit au coupable,
doit faire penser que ces vitres étaient colorées, et pouvaient

---

(1) Lactance, *De opificio Dei*, cap. 8.

2 *St Jérome*, cité par Ducange, Glossaire, au mot *vitræ* : Fenestræ
quæ *vitro* in tenues laminas fuso obductæ erant.

3 *Fortunat*, Carmin. lib. 2.

> Prima caput radios vitreis oculata fenestris
>   Artificisque manu clausit in arce diem.
> Curcibus aurora vaga lux laquearia complet
>   Atque suis radiis et sine sole micat.

seules exciter au larcin et offrir quelque valeur. Ce passage
et plusieurs autres du même auteur n'offrent cependant que
des probabilités un peu hasardées (1). On peut consulter,
pour plus de détails, les citations nombreuses et la savante
dissertation de P. Leviel. C'est dans cet ouvrage que les
journalistes et autres ont puisé toute leur science de recherches à ce sujet.

Les procédés de fabrication du verre ont bien subi, comme
ceux de la peinture vitrifiée, les modifications apportées par
les progrès de la chimie moderne ; mais ils sont restés les
mêmes, quant à la forme, que ceux décrits par le plus ancien auteur, Agricola.

Le verre à vitre, le seul qui nous intéresse, a pour base
la silice que l'on fait entrer en fusion par le moyen de fon-
dants, tels que la chaux, la potasse ou la soude. Voici,
sauf les variations apportées dans chaque verrerie, la formule d'un verre à vitre ordinaire ;

> Sable blanc . . . . 100 part.
> Soude ou potasse . . . . 48 à 60 —
> Rognures de verre ou calcin. . . . . 100 —
> Chaux . . . . 8 —

On ajoute quelquefois une demi-partie de manganèse, qui a
la propriété, employée en petites proportions, de purifier
le verre de toute coloration étrangère.

Il serait trop long de décrire ici toutes les opérations de l'art
du verrier ; on peut du reste les trouver très-détaillées dans
une foule d'ouvrages modernes, et notamment dans l'*art de la
vitrification*, par Bastenaire-Daudenart, et le traité de chimie
de M. Dumas. Je me bornerai à expliquer que les matières
vitrifiables étant entrées en fusion, le verrier en cueille une
petite masse au bout d'un long tube en fer ; il travaille cette

---

1 *Grégor. Turon. De gloria martyrum*, lib. 1, cap. 59; lib. 6, cap. 10;
et lib. 7, cap. 29.

masse tantôt par le souffle, tantôt par un mouvement de balancier et de rotation, la présentant souvent au feu, jusqu'à ce qu'il soit parvenu à former un cylindre creux ou manchon d'un diamètre voulu. Les cylindres étant faits, reste l'opération difficile de l'étendage.

On commence par fendre le cylindre sur une de ses faces avec un fer rouge, on le fait alors glisser doucement au milieu du four où la chaleur est assez forte pour lui faire subir une demi-fusion. Afin d'opérer l'affaissement de chaque côté du cylindre, qui devient alors une feuille plane, on pousse cette feuille dans une autre partie de ce four à une température moins élevée, où s'opère le *phénomène* de la recuisson et le refroidissement. Autrefois et même encore en Angleterre, le verre à vitre se façonnait d'une autre manière ; l'ouvrier commençait à former au bout de sa canne une grosse sphère dont il détachait le centre, et à laquelle il donnait ensuite un mouvement de rotation si vif, que cette espèce de cloche s'applatissait et s'étendait de manière à donner une table de verre bien ronde, mais dont on ne pouvait tirer que de petites vitres, à cause du noyau ou *boudine* resté au milieu.

Les vitres fabriquées par ce procédé offraient un éclat qu'on ne retrouve pas dans les vitres dues au procédé moderne ; ce qui est à regretter seulement pour les verres de couleurs.

Les oxides métalliques qui servent de base colorante à toutes les couleurs vitrifiables, servent aussi à faire en verrerie, par les procédés que je viens de décrire, les feuilles de verre de couleur dont l'emploi est si utile en peinture sur verre. Il suffit d'ajouter en très-petites proportions ces oxides à la composition ordinaire du verre.

Ainsi le bleu s'obtient par l'oxide de cobalt ; le violet, par l'oxide de manganèse ; le vert, par l'oxide de cuivre ; le jaune, par la fumée ou bien par l'antimonite de plomb, et le rouge, par un mélange d'oxide de cuivre, de fer et de manganèse.

Bien que la plupart des traités de verrerie aient donné

des recettes de verre rouge par l'oxide d'or ou pourpre de Cassius, il est maintenant démontré que ces essais n'ont été faits que sur de petites proportions, et que ces recettes n'ont jamais été employées en grande masse pour le commerce. Le verre rouge, dont la base colorante est le protoxide de cuivre, serait complétement opaque s'il était *souflé* dans toute son épaisseur; on a été obligé, pour lui conserver sa teinte purpurine transparente, de le *soufler* à deux couches, l'une de verre blanc, et l'autre d'une minceur extrême en verre rouge ou *silicate de cuivre*. Dès le XIIe siècle, le verre rouge se faisait de cette manière.

De la Vitrerie dans ses rapports avec la Peinture sur verre.

Je crois indispensable d'entrer dans quelques détails sur les procédés matériels de la vitrerie, avant de commencer l'histoire des vitraux et de la peinture sur verre qui lui doivent une partie de leurs ressources.

L'emploi des grands carreaux d'une seule pièce pour vitrer les fenêtres ne date guère que du XVIIe siècle, encore ce genre de vitrage ne fut-il complétement adopté que pendant le XVIIIe. Aussi l'art du vitrier, tel qu'il est exercé de nos jours, ne ressemble en rien à ce qu'il était il y a seulement soixante à soixante-dix ans. A ce titre même ce serait une exhumation du passé de quelque intérêt, tant nous avons marché vite.

Les premières fenêtres vitrées furent très-étroites et composées de petites pièces de verre taillées de préférence en rond; on les appelait *cives* ou *cibles*. Elles étaient réunies ensemble par une espèce de mastique ou du plâtre que l'on coulait entre ces pièces placées à plat : cela se voit encore en Orient (1). On remplaça ce moyen de liaison par un autre

---

1 Félibien, Princ. d'arch., c. 21.

plus durable et moins massif ; on imagina de renfermer
chaque pièce de verre dans des verges de plomb cannelées
des deux côtés. C'est ce procédé qu'on a suivi depuis, avec
quelques perfectionnements, pour le montage de tous les
vitraux en verres blancs ou peints.

L'on voit encore dans beaucoup de provinces, le Limou-
sin, par exemple, des fenêtres en vitraux *mis en plomb*, dont
quelques-uns sont ornés de petits médaillons peint sur verre,
en grisaille. Il est certain que pendant long-temps la vitrerie
ne fut que l'art accessoire du peintre verrier, qui était presque
toujours vitrier et ne prenait pas d'autre titre.

Avant le xvie siècle, on n'avait point encore l'usage du
diamant ; on se servait alors, pour couper le verre, d'une
pointe de fer rouge que l'on promenait au revers d'un trait
formé avec un pointe d'acier, qui attaquait légèrement le
verre. On faisait disparaître les imperfections de la coupe,
au moyen d'un instrument encore employé aujourd'hui,
nommé *gresoir* ou *grugeoir*. Les pièces ainsi préparées rece-
voient, s'il y avait lieu, la peinture qui leur était propre,
et, après leur cuisson, étaient mises en plomb façonné au
rabot, et chaque jointure des plombs soudée et contre-
soudée.

Vers la fin du xvie siècle, il y eut deux améliorations apportées à cette pratique : l'usage du diamant et celui de la
machine à laminer le plomb, appelée *tire-plomb*.

Tous les panneaux qui devaient former l'ensemble d'une
croisée, une fois terminés, il restait à les assembler et as-
sujettir, ce qui était très-simple, surtout dans les fenêtres
de style ogival. Une barre de fer, appelée *barlotière*, et scel-
lée dans la pierre, d'un *meneau* à l'autre, était placée à chaque
division ; cette barre était armée de *nilles* percées de manière
à recevoir des clavettes. Les panneaux étaient ainsi retenus
latéralement par les rainures pratiquées dans la pierre, à
leur jonction par les nilles et leurs petites clavettes, et de
plus, soutenus dans le milieu par des verges de fer mince.
On a essayé depuis de remplacer cette charpente de fer par

des armatures en tôle plus délicates, mais beaucoup moins solides et plus dispendieuses.

Lorsque les vitraux en verres colorés furent presque généralement remplacés par des vitraux blancs à compartiments, on tâcha de rompre leur monotonie, en en variant les formes à l'infini. Les noms les plus bizarres furent donnés aux différents genres de compartiments. C'était bien autre chose, en vérité, que l'art héraldique. On ne se contenta pas des *losanges* et des *pièces quarrées*, on imagina les *bornes doubles, triples, couchées, au tranchoir pointu, à losange ou miramonde, tringlettes, chaînons, moulinets, moulinet au tranchoir pointu, à la table d'attente, du dé à la table d'attente, façon de la Reine, rose de Lyon*, etc., etc.

C'est là que s'arrêta le talent des descendants des Bernard Palissy et des Pinaigriers.

DE LA PEINTURE SUR VERRE.

Ses différents genres, ses procédés.

A l'époque de la renaissance de la peinture sur verre en France, c'est-à-dire de nos jours, le charlatanisme, qui s'est emparé de cet art, comme de bien autre chose, a eu intérêt à confondre dans l'esprit public les différents genres ou différentes classes de procédés, sous une seule dénomination, et surtout d'accréditer le préjugé que le *secret de* peindre sur verre avait été perdu ; mais que tel ou tel venait de le retrouver. J'ai eu à me défendre moi-même de cet honneur que voulait me décerner un journal.

M. Brongniart divise la peinture sur verre en trois classes :

La première est la peinture *en verre*, au moyen de verres teints ou colorés dans la masse aux verreries ; la deuxième est la peinture *sur verre blanc*, avec des couleurs vitrifiables, appliquées au pinceau, et cuites à la moufle ; la troisième

est la peinture sur glace ou entre deux glaces ; procédé de
M. Dihl (1).

J'adopterai les deux premières divisions ; mais je rempla-
cerai la troisième, qu'on a reconnue inapplicable, par la
peinture aux procédés mixtes, c'est-à-dire, empruntant le
concours de la première et de la seconde manières.

La première manière d'exécuter des vitraux peints, est
plutôt du domaine de la *verrerie* et *vitrerie*, que de la peinture : elle consiste à réunir en compartiments plus ou moins
bien ordonnés et mis en plomb, des verres de couleurs
teints dans la masse aux verreries ; le nombre en est assez
borné ; ce sont des bleus, des verts rarement d'une belle
teinte, des violets, des jaunes, et enfin le rouge, dont le
prix élevé fait souvent ménager l'emploi.

On peut, par ce procédé, avec beaucoup de petites
pièces, et par conséquent beaucoup de patience, arriver à
créer des mosaïques ornées d'un effet éblouissant, mais d'un
ton crû, et souvent d'un aspect désagréable. Il existe cependant, dans des églises de Lyon, de Montbrison et Issoire,
des travaux de ce genre assez remarquables, mais qu'on eût
obtenus, au moins à frais égaux, en employant seulement
quelques noirs vitrifiables, qui rehaussent singulièrement
les mosaïques colorées, leur donnent de la vigueur, et font
disparaître quelques difficultés de la mise en plomb.

La mosaïque en *vitrerie de couleur* ne peut donc pas être
classée parmi les différents genres de peinture sur verre ;
mais le procédé des verres de couleurs, rehaussés d'un noir
vitrifiable, qui accuse des contours et des ombres, forme la
première classe de peinture sur verre ; c'est ainsi qu'elle a
débuté au xiie siècle, et qu'elle s'est perpétuée jusqu'au xve.
Voilà cependant le procédé que l'on a cru perdu, et que
quelques artistes ont exploité, en faisant croire à des spec-
tateurs trop peu instruits, que ces verres, aux reflets

---

(1) Brongniart, Mémoire sur la peinture sur verre, 1829.

éblouissants, étaient teints par eux, tandis qu'ils n'avaient pas même le moyen de faire des carnations, et qu'ils employaient, pour les remplacer, un verre *violet vinaigre* extrêmement clair (1), que l'on peut obtenir aux verreries, par l'oxide de manganèse en très-petite dose.

La seconde manière, qui est la peinture sur verre proprement dite, offre de bien plus grandes difficultés, et demande des études chimiques, et des essais sans nombre, avant d'arriver aux résultats actuels, obtenus pour cet art à peine connu des anciens, puisque les vitraux exécutés en ce genre ne datent guère que du xviiᵉ siècle. Dans ce procédé, les plombs sont plus rares, et sont souvent remplacés par des montures en fer, plus ou moins compliquées.

Ces peintures sont incorporées au verre par plusieurs feux de moufle, comme la peinture en émail et sur porcelaine. Les couleurs sont aussi solides, pour ne pas dire plus, que les couleurs employées par les anciens ou les artistes dont j'ai parlé plus haut, pour ombrer leurs vitraux en verres teints dans la masse. Les difficultés que présente ce genre de peinture en a écarté beaucoup d'artistes, qui en sont devenus les détracteurs.

On s'est attaqué d'abord à la solidité des couleurs, reproche sans fondement ; et pour mieux décréditer ce genre de peinture, on lui a donné le nom de *peinture en apprêt*, dénomination que rien ne saurait motiver.

On a aussi critiqué le manque d'effet de cette peinture. S'il n'y a aucun reproche à lui faire sous le rapport de la solidité des couleurs, il peut y en avoir de très-juste sous celui de l'effet, surtout en l'employant à contre-sens, par exemple, dans les immenses fenêtres ogivales des églises.

---

(1) J'ai remarqué l'emploi de ce moyen dans des vitraux du xiiiᵉ ou xvᵉ siècle ; mais au xiiiᵉ siècle ce verre violâtre était avantageusement remplacé par un verre légèrement jaune, et d'un ton local de chairs vrai et chaud.

où il faut des tons pleins et francs, de larges fonds colorés, et à bon marché. Dans ce genre de décoration, la peinture en émail sur verre manque de puissance d'effet ; mais elle est inappréciable pour les croisées de petites dimensions, et les grands carreaux décorés de fleurs et d'ornements légers. Déjà le goût de ces objets de luxe s'est manifesté d'une manière assez sensible pour faire espérer un grand développement à cette classe si peu appréciée de la peinture sur verre.

La troisième classe de peinture sur verre est prise dans l'application réunie des procédés de la première et de la seconde, et si elle a moins de mérite que la seconde, sous le rapport des difficultés vaincues, je dois dire que c'est celle qui offre les résultats les plus séduisants ; c'est par ce procédé mixte, qu'ont été exécutés les plus beaux vitraux des XVIe et XVIIe siècles. Les plombs avec lesquels sont réunies toutes les pièces de ces vitraux, loin de nuire à l'effet, servent à lui donner de la vigueur ; souvent même on est obligé d'augmenter l'épaisseur du plomb, par un contour noir assez large.

La division de ces trois classes de peinture étant bien établie, je vais donner un aperçu technologique de l'art du peintre verrier, pendant les siècles précédents, et même tel qu'il est pratiqué encore aujourd'hui, sauf quelques variations.

Les artistes chargés d'exécuter les vitraux d'une église, avaient d'abord à pourvoir leurs ateliers de plomb, d'étain et de feuilles de verre de toute sorte de couleurs, qu'ils tiraient des verreries ; ils réglaient aussi, d'après le plan des fenêtres et les intentions des fondateurs, l'ordre des ornements et sujets d'histoire qu'ils devaient y faire entrer. Il fallait ensuite arrêter ces dessins en couleur sur les *cartons* (1), et les *profiler* avec une exactitude telle, que les pièces innombrables dont chaque panneau devait être com-

---

(1) Le mot *carton*, dans cette acception, vient de l'italien *cartone*, très-grand papier sur lequel les peintres à fresque étaient obligés d'arrêter leurs compositions de la grandeur même qu'elles devaient être exécutées.

posé, pussent remplir parfaitement l'espace donné, lorsqu'elles étaient réunies par le plomb. Ces cartons étaient
conservés avec soin par les entrepreneurs, et servaient probablement à l'exécution des vitraux de différentes églises de
France. C'est du moins ce que ferait croire la ressemblance
des vitres peintes de plusieurs fenêtres du xiie et du xiiie siècle. Le travail du carton est extrêmement long, puisqu'il doit
être triple ; le premier, pour servir de modèle dans l'exécution ; le second, pour être découpé en autant de parties que
les figures ou ornements demandent de morceaux de verre
taillés de différentes formes, et le troisième, pour établir ces
morceaux dans leur ordre, suivant les contours du dessin.

Les verres étant coupés et *groisés*, il fallait tracer, avec
du noir vitrifiable, les contours du dessin, puis ombrer les
draperies, et rehausser le tout par des clairs, suivant absolument en cela le genre de travail de la gravure ; colorer
ensuite les carnations et les ornements d'or. Venait enfin la
partie la plus difficile, la *cuisson* ; il s'agissait de faire passer
toutes ces pièces au feu, pour y incorporer les couleurs
qu'on y avait appliquées. On les étendait pour cela dans une
moufle en fer ou en terre, sur plusieurs lits de cendres et
de chaux bien recuite ; cette moufle était placée dans un
fourneau où le feu, dirigé par gradation et avec le plus grand
soin, faisait entrer les couleurs en fusion, de manière à
faire corps avec le verre.

A la sortie du fourneau, après un entier refroidissement,
les pièces étaient réunies sur le troisième carton, pour être
mises en plomb par panneau, comme je l'ai expliqué à
l'article Vitrerie.

Origine de la Peinture sur verre, ses diverses périodes.

L'art de donner au verre des couleurs inaltérables. soit
opaques. soit transparentes, était bien connu des anciens. Ils
employaient surtout les verres colorés, cubiques ou en pla-
que, pour composer des sujets en mosaïque sur les murs ou

sur le sol de leurs édifices (1). Ce goût de l'architecture po-
lychrôme se conserva long-temps après la chute de l'empire
romain, et nos églises romanes ou bysantines nous en offrent encore des exemples nombreux.

On serait tenté de croire, d'après cela, que la peinture sur
verre, ou plutôt que les vitraux en verre coloré, prirent naissance de la peinture en mosaïque, vers le viiie ou ixe siècle ;
mais une semblable assertion serait singulièrement hasardée,
puisqu'il n'y a aucune preuve à l'appui, et qu'il ne nous reste
surtout aucuns débris des vitraux de ces siècles (2), tandis
qu'on en a conservé un assez bon nombre du xiie.

Cette époque si remarquable de l'histoire moderne, où
tout renaît et jaillit presque simultanément, civilisation,
sciences, art, langage, fut le berceau de notre architecture
vraiment nationale, bien que son type soit oriental, et l'art
des vitraux peints, qui en suivit toutes les phases, dut
prendre naissance avec elle.

Les relations continuelles que les croisades établirent entre
l'Orient et l'Occident, donnèrent aux arts une impulsion
toute nouvelle. Dès le xie siècle, le goût bysantin était venu
ajouter au style roman primitif un luxe inaccoutumé de
moulures et d'ornements ; mais à la fin de ce siècle, le goût
arabe commença à dominer ; l'ogive prit peu à peu la place
du plein cintre ; enfin, au xiiie siècle, les bas reliefs, les
peintures et les vitraux étaient une imitation exacte des
objets d'arts que nos artistes avaient étudiés en Syrie (3).

---

(1) V. de Caylus, Winkelmann, déj. cit., et P. Leviel, Traité de la
peinture en mosaïque.

(2) M. Mérimée, sur la foi de M. Emeric David, parle d'un *document
historique* que ce dernier aurait découvert, constatant que vers le milieu du
xie siècle on conservait à Dijon un très-ancien *vitrail peint*, représentant le
martyre de Ste Paschasie, et provenant de la vieille église bâtie par Charles-
le-Chauve. Si ce document historique (qui est la chronique de Ste Begnine
n'est point un anachronisme, ce qui est fort probable, les premiers vitraux
peints dateraient du ixe siècle. Nous devons attendre des documents plus
positifs et plus multipliés pour fixer notre opinion. L'article de M. Mérimée
sur la peinture sur verre est inséré au t. xxiii de l'Encyclopédie moderne.

(3) Opinion de M. A. Lenoir, *Musée des monuments français.*

Tout porterait donc à faire remonter au xiie siècle, sinon l'invention, au moins la première application des vitraux *historiés* en France, en laissant de côté toutes les conjectures plus ou moins fondées sur l'emploi des vitraux colorés *unis* pendant les siècles précédents. Je crois de plus que cet art, tout français, n'a emprunté de l'Orient que son style d'ornementation.

Classification raisonnée des différentes périodes de la Peinture sur verre.

Les savantes recherches de M. de Caumont sur l'archéologie du moyen âge, et la classification pleine de clarté qu'il a établie, ont ouvert une route nouvelle et sûre à cette science jusqu'alors si pleine de tâtonnements et de contradictions. Aussi n'ai-je rien trouvé de mieux que d'appliquer aux différentes périodes de progrès des vitraux peints, la même méthode et la même nomenclature. J'aurais dû même, pour suivre en tous points la méthode de M. de Caumont, compléter mon travail par un tableau géographique et chronologique des principaux vitraux existants; je me contenterai, pour cet abrégé, de donner celui qui servira de sommaire à cette classification (1).

PÉRIODES.	STYLES.	DURÉE.
Première.	Ornements roman-tertiaire ou de transition, sujets mosaïque en médaillons, goût arabe.	xiie et xiiie siècles, de 1140 à 1270.
Deuxième.	Mêmes dispositions, dessin plus correct, quelques grandes figures isolées.	xiiie et xive siècles, de 1270 à 1370.
Troisième.	Adoption des grands sujets et application exclusive de l'architecture ogivale secondaire comme ornement.	xive et xve siècles, de 1370 à 1499.
Quatrième.	*Renaissance.* — Sujets historiques, compris dans toute l'étendue d'une croisée; emploi presque général de la grisaille.	xvie siècle.
Cinquième.	Style moderne, petits sujets émaillés de plusieurs couleurs sur un seul verre.	xviie et xviiie s., de 1600 à 1768.

(1) V. de Caumont, Cours d'antiquités monumentales, 2e part.

PREMIÈRE PÉRIODE.

Comme je l'ai déjà dit, la peinture sur verre surgit et
se développe presque subitement au milieu de la révolution
architectonique qui s'opérait au xii° siècle pour les monuments religieux. L'ogive ou arc en tiers-point commençait
à prendre la place du plein cintre. Les fenêtres devenaient
plus grandes, plus ornées ; les roses de pierre avec leurs
verrières éblouissantes prenaient place aux façades des cathédrales, comme nous le voyons, entre autres, à Beauvais
et à Chartres ; l'ornementation intérieure était, selon le goût
de l'Orient, chargée de toutes les couleurs du prisme, les
missels et tous les manuscrits en général étaient *illustrés* de
mignatures qui, à défaut de la science du dessin, étaient
des chefs-d'œuvre d'enluminure et d'ornements délicats.
Assez ordinairement ces sujets naïfs accompagnaient une
légende ou les principaux faits de l'ancien et du nouveau
Testament. Telle fut sans doute l'école de nos premiers peintres verriers, et le commencement de la première période de
peinture sur verre. Des manuscrits les mignatures passèrent
sur les vitraux, qui en devinrent la fidèle reproduction sur
une plus grande échelle.

Les seuls vitraux bien complets du xii° siècle sont ceux
de l'abside de l'abbaye de Saint-Denis, de l'abside de la
cathédrale de Bourges et du chœur de celle de Lyon. Encore
n'a-t-on de documents certains que pour les vitraux de
Saint-Denis ; décrits en détail par le donateur lui-même,
l'abbé Suger (1), inexactement dessinés par Montfaucon ;
mais admirablement reproduits tels que nous les voyons
aujourd'hui, par M. Lastérye.

Il serait difficile de distinguer autrement que par la forme
les fenêtres les vitraux du xii° au xiii° siècle : aussi j'ai pensé

---

1. Histoire de l'abbaye de St-Denis, par D. Felibien. — Monuments de
la monarchie française, par Montfaucon.

qu'on pouvait comprendre entre 1140 , époque de la consécration de l'abbaye de Saint-Denis, et 1270, fin du règne
de saint Louis, la première et peut-être la plus brillante
période de la peinture sur verre.

Dans la seconde moitié du xiie siècle et au commencement du xiiie , l'architecture nouvelle est encore empreinte
du caractère roman ou bysantin ; les fenêtres sont bien terminées en ogive, mais en général elles forment une seule
lancette assez large , ou bien trois lancettes isolées entre elles,
mais réunies sous le tiers-point de la voûte ; la lancette du
milieu dépasse toujours les deux autres. On peut en voir des
exemples à Montbrison et à la cathédrale Saint-Jean à Lyon ;
si ce n'est qu'à Lyon les lancettes sont séparées seulement
par une colonne.

Ce n'est guère qu'au milieu du xiiie siècle que les fenêtres
acquirent cette légèreté et cette élégance qui constituent le
style ogival pur, auquel appartiennent par exemple la sainte
chapelle de Paris et la cathédrale de Clermont.

Les vitraux du commencement de la première période de
l'art sont ordinairement composés de médaillons circulaires,
trilobés ou ellyptiques , disposés en sautoir ou manière d'é-
chiquier , sur un fond de mosaïque , dans le genre des in-
crustations murales de cette époque. Ces médaillons contiennent tous les détails d'une longue légende , mêlés aux
faits remarquables du temps ; le tout grossièrement indiqué
par un simple linéament noir sans ombre. Ce n'est que sous
le règne de saint Louis que le dessin commence à s'amé-
liorer. Les arabesques sont plus riches et mieux conçues.
On exécute de grandes figures dans les fenêtres élevées ; la
sécheresse du trait est adoucie par quelques lavis placés
dessus, et qui remplacent les ombres ; mais ce qu'il y a de
réellement prodigieux , dit Leviel, c'est la quantité d'églises,
de cathédrales, abbayes , paroisses même de village, qui .
sans sortir de la France, furent vitrées de cette manière,
dans les xiie et xiiie siècles , et surtout au xiiie, où les églises
étaient tellement percées de fenêtres que souvent les vitres

l'emportaient en étendue sur le corps du bâtiment. La célé-
rité avec laquelle on exécutait ces immenses travaux, par
le moyen des corporations, était telle que la sainte chapelle
de Paris, commencée en 1242, fut achevée en 1247, et se
trouva close et en état d'être dédiée, au mois d'avril 1248.

DEUXIÈME PÉRIODE.

Il serait difficile d'assigner particulièrement à un siècle, le
xive, par exemple, une division exacte de l'histoire de l'art ;
car la fin du xiiie siècle faisait pressentir les progrès remar-
qués dans le xive, tandis que les travaux de la fin de ce siècle
ne ressemblaient plus en rien à ceux du commencement ;
c'est ce qui m'a déterminé à fixer la durée de la deuxième
période de la peinture sur verre, de 1270 à 1570 environ,
ou de la fin du règne de saint Louis à celui de Charles V.

Malgré les guerres désastreuses que la France eut à soutenir avec les Anglais, l'art continua lentement, mais sans
dévier de la route qu'il s'était tracée un siècle auparavant. La
naissance de l'école florentine créée par Cimabue, mort en
1500, vint donner un nouvel essor à la peinture, et comme
nos artistes ne produisaient guère leurs conceptions que sur
le vélin ou le verre, ce furent les vitraux qui offrirent les
premiers résultats de cette amélioration.

Les vitraux de cette seconde période offrirent encore des
médaillons sur des fonds de mosaïque ; mais les sujets y furent mieux disposés et mieux dessinés ; on y observa une certaine entente de l'effet ; cependant les grandes figures isolées
commencèrent à prévaloir ; d'abord elles ne furent entourées
que d'une frise qui suivait tout le panneau : aux pieds il y
avait pour support une bande assez large, avec le nom du
personnage. Au-dessus de la tête, se dessinait une espèce de
trèfle au simple trait rouge ou blanc, suivant la couleur du
fond, qui embrassait tout le reste de la lancette, à moins
qu'elle n'eût une grande hauteur ; alors l'espace compris au-
dessus et au-dessous de la figure, était rempli par des arabesques en grisailles, ou des fonds de mosaïque colorés.

Vers le milieu du xive siècle, on imita sur le verre quelques détails de l'architecture ogivale : ce fut d'abord une flèche en verre de couleur, très-surbaissée, se rapprochant plus du fronton roman que du clocheton ogival. Cette flèche fut ornée, comme sur la pierre, de feuilles naturelles. Le piédestal fut aussi plus riche d'ornements ; tout, en un mot, préparait la transition de cette seconde période à la troisième.

TROISIÈME PÉRIODE.

Pendant cette troisième période, qui comprend plus spécialement le xve siècle, la peinture sur verre fit un pas immense vers le perfectionnement du dessin et de la composition, mais elle perdit sous le rapport de l'effet comme décoration intérieure.

Charles V fut un protecteur zélé de la peinture sur verre. Il accorda aux peintres verriers de son temps des priviléges très-étendus, et fit faire de très-grands travaux, soit pour les églises, soit pour les maisons royales. Ses successeurs continuèrent ses bonnes dispositions ; aussi ce genre de peinture fut dès lors tellement honoré, que les premiers artistes ne dédaignèrent pas de lui prêter le secours de leurs talents.

Vers la fin du xive siècle parurent en Flandre les frères Van Eyck, dont le plus jeune, connu sous le nom de Jean de Bruges, passe pour l'inventeur de la peinture à l'huile ; on prétend même que ses profondes connaissances en chimie lui firent découvrir les recettes de différents émaux colorants pour teindre des feuilles de verres au feu de moufle. Il est étonnant que Leviel, écrivain praticien, qui raconte ce fait, ait pu le consigner aussi légèrement, surtout sans preuves à l'appui, c'est-à-dire, des vitraux exécutés par ce procédé. Ce n'est que pendant le xvie siècle qu'on a commencé à faire usage des émaux colorants, et encore se réduisaient-ils aux bleus, aux grisailles rousses et violâtres, au rouge de carnation, et au jaune qui n'est plus un émail, mais une substance teignante. On aura sans doute f.

verrerie, comme de nos jours, des verres à deux couches,
l'une blanche et l'autre colorée, ce qui a pu faire dire que
ces verres étaient colorés par une couche d'émail appliquée
à la surface (1).

Bien qu'au xve siècle l'Europe se fût transformée en un vaste
laboratoire d'alchimie, espèce de contagion que la rigueur
des lois ne pouvait arrêter, la peinture sur verre dut peu de
progrès à ces recherches, et je suis disposé à refuser à Jean
de Bruges les honneurs de l'invention des émaux colorants.
Il paraît même que le hasard seul pourvut cet art d'une de
ses plus précieuses ressources, je veux parler de la coloration du verre en jaune transparent par le moyen de l'oxide
d'argent, s'il faut en croire la pieuse tradition conservée
jusqu'au temps où écrivait Leviel, parmi les peintres verriers de Paris.

L'ordre des dominicains de Bologne possédait au xve siècle
un religieux très-connu, sinon par ses ouvrages, au moins
par son éminente piété, le bienheureux *Jacques l'Allemand*,
ainsi nommé parce qu'il était né à Ulm en Allemagne. L'obéis-
sance à la règle fut sa vertu principale. L'historien de sa vie
remarque qu'un jour ayant commencé sa cuisson, il fut
obligé de l'abandonner avant son achèvement, pour obéir à
son supérieur qui l'envoyait à la quête ; mais il fut agréa-
blement surpris au défournement, de trouver ses pièces de
verre si bien recuites, que jamais il n'avait eu pareil succès.

C'est à lui que la tradition attribue la découverte du jaune
par l'argent. Ce religieux étant occupé à enfourner l'ouvrage
qu'il avait peint, laissa tomber par mégarde un bouton d'argent d'une de ses manches parmi la chaux qui servait à stra-
tifier son verre, une partie de ce bouton étant entrée en fusion, le métal teignit en jaune le verre sur lequel il reposait.

Nous respecterons, sans chercher à en détruire le merveilleux, la tradition de ce fait du reste fort probable.

---

1 V. précédemment, *de la fabrication du verre.*

Jacques l'Allemand mourut à Bologne en 1491, âgé de plus de quatre-vingts ans ; sa vie est écrite par Jean-Antoine Flamand, et se trouve dans le tome cinquième de Surius.

Les fréquents miracles qui se firent à son tombeau l'ont fait placer au rang des saints de son ordre, et la communauté des maîtres vitriers et peintres sur verre de Paris, en célébraient la fête, comme leur second patron, le deuxième dimanche d'octobre (1).

L'abbé Barthélemy, dans son voyage en Italie, écrit : « J'ai » vu à Bologne un manuscrit du xive siècle, qui contient » divers secrets touchant les arts. On y trouve celui d'ap- » pliquer les couleurs sur le verre, et l'or sur le papier.... » le premier de ces secrets est trop concis dans l'explication, » et devient indéchiffrable , etc. »

Ce manuscrit est évidemment l'ouvrage d'un religieux peintre sur verre et enlumineur ; et je serais tenté de croire que l'abbé Barthélemy, plus versé dans la connaissance des antiquités grecques et romaines que dans l'archéologie du moyen âge, se sera trompé ou aura été trompé pour la date de ce manuscrit, qui ne doit guère remonter au delà du xve siècle, époque où la peinture sur verre commença seulement à pénétrer en Italie. Je conclurais de là que le manuscrit de Bologne est de la main du bienheureux Jacques l'Allemand. Les antiquaires ont souvent établi des origines plus hasardées que celle-ci.

Les vitraux de cette période perdirent un peu de leur spécialité religieuse, sans en perdre le type. On commença à les employer comme ornement des habitations seigneuriales, ainsi qu'à reproduire, dans les chapelles particulières, les portraits des fondateurs ; c'est aussi au xve siècle que la forme des fenêtres, sans subir de grandes variations, changea cependant d'aspect : les fenêtres de ce siècle eurent plus de largeur et la même hauteur que celles du xiie et

---

1 Leviel, l'Art de la peinture sur verre.

du xive. Cette disposition donna souvent à la partie ogivale
moitié de la hauteur totale de la fenêtre. La partie ogivale
fut alors remplie par les contours fantastiques et sans nombre
des meneaux de pierre, s'élançant comme autant de jets de
flammes, ce qui a fait donner à ce style d'architecture le
nom de *gothique flamboyant*, que les Anglais ont nommé au
contraire *style perpendiculaire*.

Ces nervures laissèrent entre leur jonction un assez grand
nombre d'ouvertures en forme de cœurs, de trèfles, d'ellipses, etc., dans lesquels on relégua les détails *légendaires*
des saints dont les figures se développaient en grand dans
les lancettes de la fenêtre. Un vitrail du xve siècle est donc
aussi facile à reconnaître par la forme de la fenêtre que par
la richesse et la profusion des ornements d'architecture du
style ogival tertiaire.

Pendant cette période, on a dessiné les grands sujets
comme les plus petits, avec un soin minutieux, quelle que fût
la distance du point de vue. Les personnages sont ordinairement placés dans des niches dont le fond imite une étoffe
damassée, avec un dais ou pinacle surmonté de deux ou
trois étages de clochetons chargés de leurs aiguilles, héris-
sées elles-mêmes de feuilles grimpantes. Le piédestal n'est
autre chose que le dais d'une niche inférieure, où se pla-
çaient les anges supportant des écus armoriés.

Toute cette architecture est exécutée en grisaille rehaus-
sée seulement avec le jaune nouvellement découvert. Ces
vitraux admirables de dessin lorsqu'ils sont vus de près,
sont sans effet à une certaine distance.

QUATRIÈME PÉRIODE.

Le xvie siècle, qui forme à lui seul une des périodes les
plus remarquables de la peinture sur verre, vit aussi le
commencement de sa décadence. Née avec le style ogival
qui constitue éminemment l'art chrétien, elle était destinée
à suivre de près son injuste abandon.

Dès la fin du xve siècle, tout faisait pressentir, dans l'ordre social comme dans les arts qui dépendent du dessin, une vaste révolution, un esprit de réforme que l'invention de l'imprimerie précéda, et dût singulièrement activer. Albert Durer qui venait de paraître, avait formé une nouvelle école, espèce de temps de transition entre la nôtre et l'école italienne, qui, sous les règnes de Louis XII et de François Ier, fit invasion complète dans tout le nord de l'Europe. Les souverains rivalisaient d'efforts et de largesses, pour attirer dans leurs états les artistes distingués qui allaient se former en Italie, et revenaient, avec le goût plus ou moins bien dirigé des modèles de l'antiquité, implanter sous notre ciel une architecture et des usages en contradiction continuelle avec notre climat et nos mœurs.

On a beaucoup écrit sur le xvie siècle; chacun a exalté, selon sa manière de voir, ou la renaissance du bon goût, ou exagéré la perte que les arts avaient faite dans le style ogival chrétien. Sans entrer plus avant dans les considérations morales et politiques que chaque écrivain a établies en parlant de cette époque vraiment extraordinaire, je reviens à la spécialité que je dois traiter.

Pendant la première moitié du xvie siècle, le style ogival et le style de la renaissance se confondirent, et se firent de mutuelles concessions. Plus tard seulement la nouvelle école eut définitivement le dessus, au moins pour l'architecture civile; car on comprit encore qu'on ne pouvait supprimer l'ogive, qui avait reçu une sorte de consécration pour la construction des églises.

Comme dans les siècles précédents, les peintres verriers avaient suivi fidèlement pour leurs travaux les principes de l'enluminure; de même, au xvie, les vitraux furent une reproduction exacte des belles conceptions d'Albert Durer, Raphaël, Jean Cousin, maître le Roux, il Rosso, du Primatice, et de leurs nombreux élèves, presque exclusivement occupés à fournir des cartons pour les vitraux et les tapisseries.

Les modestes peintres verriers du moyen âge ne si-
gnaient jamais leurs ouvrages ; c'est tout au plus s'ils se
hasardaient à y glisser quelques initiales hyéroglifiques ; et la
tradition nous a à peine transmis quelques noms. Il n'en fut
pas de même dans les temps modernes ; chacun des artistes
jeta avec ses œuvres son nom à la renommée, et l'imprimerie leur venant déjà en aide, ces noms sont arrivés en foule
jusqu'à nous. Un volume pourrait être seul rempli par la
biographie des peintres sur verre du XVI⁰ au XVII⁰ siècle,
et par la description des vitraux de cette époque.

Le goût de ce genre de décoration était venu, pendant
cette période, à un point tel que non-seulement les fenêtres
des appartements, mais encore les vitres de litières, étaient
ornés de sujets peints, et surtout de devises.

C'est pendant ce siècle que commença la destruction des
monuments historiques, destruction qui ne fit qu'augmenter
jusqu'à l'époque désastreuse de 1793.

Le mépris de ce qu'on appela dès lors le *goût gothique*,
fit qu'on négligea la méthode si précieuse des restaurations.
Aussitôt qu'un édifice ou l'une de ses parties menaçait ruine,
on y appliquait sans scrupule des raccords, ou même des
constructions complètes dans le *goût italien*.

Beaucoup de vitraux disparurent des fenêtres des siècles
précédents, pour faire place à ceux du XVI⁰ ; aussi voit-on
encore le fronton romain se perdre dans la lancette étroite
du XV⁰ siècle, ou une immense composition remplir toute la
vaste étendue de ces verrières, sans tenir compte des meneaux en pierre qui le coupent en quatre ou cinq bandes
étroites. En même temps qu'on exécutait ces grands tableaux
sur verre, et qu'on suivait encore le genre mais non le goût
des peintres verriers précédents, pour placer des personnages
dans des niches ornées, on revenait aux petits sujets aban-
donnés depuis le commencement du XIV⁰ siècle, ou relégués
au XV⁰, dans les parties ogivales. Mais ces sujets ne furent
pas disposés, comme autrefois, dans des médaillons gra-
cieux de forme, et découpés pour ainsi dire sur un fond

chargé de mille pierreries éteincelantes ; c'étaient tout sim-
plement des parallélogrammes placés les uns au-dessus des
autres, dans toute la hauteur d'une lancette, sans d'autre
division que la traverse qui les séparait et les soutenait.
Point de bordure, point d'ornement qui encadrât le sujet.

L'emploi de la grisaille devint général et ne fut plus res-
treint aux ornements d'architecture ; des vitraux entiers
peints de cette manière furent de véritables chefs-d'œuvre
comme conception et exécution ; mais peut-être nullement
en rapport avec ce qu'on devait en attendre comme décoration. Peut-être aussi que l'introduction des tableaux dans les
églises exigeant plus de jours et l'exclusion des reflets colorés, motiva cette modification, espèce de concession
faite par l'art ancien à l'art nouveau qui menaçait d'envahir
ses domaines.

CINQUIÈME PÉRIODE.

Au milieu d'une prospérité apparente, la peinture sur
verre arrivait insensiblement à son déclin ; les artistes qui
s'en occupaient commencèrent à l'abandonner pour s'occu-
per de la peinture à l'huile. En effet, on comprend facile-
ment que ce nouveau genre de peinture facilitait bien autrement l'essor du génie de l'artiste, rebuté, soit par les
procédés difficiles et les résultats souvent incertains de la
peinture sur verre, soit par les lenteurs et les accidents
inévitables qui accompagnent la construction d'un vitrail.
On pourrait appliquer à ces deux genres de peintures la
différence qu'établissait Michel Ange par rapport à la fresque,
en disant que la peinture à l'huile était l'ouvrage d'une
femme, ainsi que des personnes paresseuses et qui aiment
leurs aises, comme *Sébastien del Piombo* (1).

A ces motifs il faut ajouter celui des progrès de la reli-
gion réformée et son influence sur l'art religieux, dont le

---

1 Versari, *Vies des peintres.*

catholicisme était le principal soutien. Les troubles qu'elle occasiona sous François Ier prirent bientôt tous les caractères d'une guerre civile des plus acharnée, qui se continua pendant plus de cinquante ans.

Au milieu de ces discordes civiles, les grands travaux de peinture sur verre devinrent rares, les priviléges accordés aux peintres verriers tombèrent en désuétude, et les verreries françaises cessèrent presque généralement de fabriquer les verres colorés, dont un siècle avant la grande quantité pouvait à peine suffire à la consommation qu'en faisaient les ateliers de peinture sur verre. On s'attacha surtout, pendant cette période, à exécuter de petits tableaux émaillés sur verre, avec très-peu d'assemblages de plomb, procédé qui fut fort en vogue en Suisse et notamment à Berne.

Néanmoins il se fit encore au commencement du xviie siècle de fort beaux ouvrages, et on comptait quelques artistes distingués, parmi lesquels je suis heureux de pouvoir citer un Auvergnat, Jacques de Paroy, qui vivait en 1612, époque à laquelle il terminait les vitres de Saint-Méry. Voici ce que Audicquer de Blancourt, dans son introduction au Traité de la verrerie, nous apprend de cet artiste : il le fait naître à Saint-Pourçain, et le donne pour un des plus habiles que nous ayons eus pour la peinture sur verre. Il a écrit sur son art; mais son manuscrit est réputé introuvable. Son génie le portait naturellement au dessin et à la peinture ; il crut ne pouvoir mieux se perfectionner qu'en entreprenant le voyage de Rome, où il étudia très-long-temps sous le célèbre Dominique Zampini, dit le Dominicain. Après avoir acquis beaucoup d'habileté sous un tel maître, de Paroy passa à Venise, où il a fait quantité de très-beaux ouvrages. De retour en France et en Auvergne, son pays natal, il en fit encore de fort beaux dans le château du comte de Catignac, et depuis à Paris dans l'église de Saint-Méry. On voyait de lui, à Gannat, dans l'église de Sainte-Croix, des vitres peintes, où étaient représentés les quatre pères de l'église latine, saint Ambroise, saint Jérôme, saint Augustin et saint Grégoire. Les têtes de saint Ambroise et de saint Augustin passaient pour être les portraits de MM. de Filhol, dont un était archevêque d'Aix. Tous ces vitraux ont disparu ; à peine en reste-t-il quelques traces dans les trèfles des ogives. Cet habile peintre décéda âgé de cent-deux ans, dans la ville de Moulins.

Dès la seconde moitié du XVIIe siècle, sous Louis-le-Grand, la peinture sur verre était presque sans encouragement, et reléguée dans les frises, les impostes et les rosaces ; elle servait à reproduire des armoiries et quelques emblèmes, où l'on remarque déjà l'absence du beau verre rouge transparent, teint dans les verreries, et désavantageusement remplacé par du verre orangé ou rouge sanguin, coloré à la moufle.

Au XVIIIe siècle, les rangs des peintres sur verre étaient singulièrement éclaircis ; et cependant cet art ne pouvait plus suffire à l'existence de ceux qui le pratiquaient. Comme à l'invasion de l'imprimerie, les malheureux enlumineurs calligraphes conservèrent le seul privilége de placer dans les livres quelques initiales peintes, de même les peintres sur verre du XVIIIe siècle n'eurent de place pour leurs ouvrages que dans quelques frises de panneaux en verre blanc. Enfin, en 1768 il n'existait plus qu'un seul artiste de ce genre, Pierre Le Viel, qui heureusement eut l'idée d'écrire sur son art ; il nous a laissé un traité fort précieux comme monument historique et technologique. La tourmente révolutionnaire, dont le souffle destructeur s'étendit quelques années plus tard sur la France, en finit avec la peinture sur verre et une partie de ses chefs-d'œuvre.

Indication de quelques Vitraux de différents siècles, encore existants.

Je terminerai l'histoire de ces cinq périodes de l'art par l'indication ou la description succincte des principaux vitraux existants qui s'y rattachent, et que j'ai presque tous visités.

L'Auvergne, si riche en souvenirs et en monuments du moyen âge, m'a fourni des exemples presque pour tous les siècles, excepté pour le xiie; mais elle possède de magnifiques vitraux du xiiie, du xve et du xvie.

C'est, comme je l'ai déjà dit, à l'abbaye de Saint-Denis que l'on peut voir encore quelques vitraux complets du xiie siècle, dont plusieurs des moins compliqués ont été imités, et d'autres restaurés avec succès sous la direction de M. Debray, membre de l'institut. Les sujets renfermés dans les petits médaillons en mosaïque sont les principaux faits des croisades, et on ne peut mieux les comparer, pour la manière dont ils sont traités, qu'aux tapisseries dites de Bayeux, dessinées par Montfaucon, et souvent reproduites depuis. L'abbé Suger, qui avait fait faire ces vitraux à grands frais, s'y trouve lui-même représenté en habit de religieux, placé dans l'intersection de deux panneaux, et s'élevant vers le ciel. Une inscription encore très-lisible porte ces mots : *Sugerius abbas.*

Les vitraux de l'abside de la cathédrale de Bourges offrent absolument les mêmes caractères, et m'ont paru appartenir à la même époque, bien que je ne connaisse rien d'authentique à ce sujet. On a assigné la même date aux vitraux du chœur de la cathédrale Saint-Jean à Lyon; mais je les crois du commencement du xiiie siècle, quoique la forme des croisées soit du xiie.

Les vitraux du xiiie siècle sont beaucoup plus nombreux, et n'offrent de différence que dans la pureté du dessin. Après ceux de Saint-Étienne de Bourges et de la sainte chapelle de Paris, les vitraux de la cathédrale de Clermont sont les mieux conservés que l'on connaisse; et ce qu'il y a de remarquable, c'est que dans cet édifice ce sont précisément les plus anciens vitraux, ceux du xiiie siècle, qui sont parvenus jusqu'à nous presque intacts, tandis qu'il reste à peine quelques débris de ceux des siècles suivants. Cela tient sans doute à l'extrême solidité que leur donne l'épaisseur du plomb raboté, et surtout à la quantité innombrable de petites pièces dont les vitraux sont composés.

On sait que la cathédrale actuelle fut commencée en 1248, sur l'emplacement de l'ancienne, et sous les auspices de Hugues de Latour, évêque de Clermont, peu de temps avant son départ pour la Terre-Sainte, où il mourut ; les plans furent donnés par Jean Deschamps ou *Decampis*, qui y fut enterré en 1280, et c'est durant le pontificat de Guy de Latour que la construction en fut achevée, au moins jusqu'au delà du transept, dans l'espace de trente-sept ans environ (1). On n'est plus étonné du peu de temps qu'il a fallu pour élever un pareil édifice, lorsqu'on sait avec quelle rapidité s'élevaient les monuments religieux à cette brillante époque du christianisme en France. Je ne citerai que la sainte chapelle de Paris, qui fut construite en six ans.

En 1262, saint Louis vint à Clermont pour le mariage de son fils Philippe ; on présume qu'à cette occasion une quête fut faite parmi les seigneurs de sa suite, pour aider à la construction de l'église, et que saint Louis voulant donner l'impulsion, offrit une très-forte somme d'argent. On ne peut guère douter que les vitraux des chapelles de l'abside ne soient le fruit de ses libéralités : tout y rappelle cette époque, les costumes, les formes encore naïves du dessin, et surtout les armes de France et de Castille, ou, pour employer le style héraldique, le semé de France et de Castille qui se remarque dans les vitres de la chapelle du chevet de l'église (2). Ces vitraux ont du reste un caractère de ressem-

---

(1) M. Gonod, professeur de rhétorique et bibliothécaire de la ville, vient de faire sur la cathédrale de Clermont un travail complet, dans lequel sont consignés des documents tout à fait neufs, et beaucoup de rectifications d'assertions erronées. Cet ouvrage, dont quelques parties ont été communiquées à l'académie de Clermont, sera bientôt publié avec un atlas de dessins inédits.

(2) Les armes de Castille étaient de gueule à la tour donjonnée d'or. Il est probable que la longue régence de la reine Blanche avait habitué à joindre ses armes à celles du roi, ou peut-être avait-elle contribué avant sa mort, par ses pieuses libéralités, aux premières constructions de la cathédrale. Du reste, plusieurs vitres d'églises de ce siècle ont ce même

blance frappant avec ceux de la sainte chapelle de Paris,
et il est très-probable qu'ils ont été, comme un grand nombre
de vitres de ce siècle, faits par la même corporation de verriers.

Chaque chapelle était sous la protection d'un ou plusieurs
saints, et les vitraux donnaient leur histoire selon les légendes du temps. Les traditions écrites et ce qui reste de
ces vitres, autant endommagées par la maladresse des vitriers modernes que par les siècles, font encore reconnaître
le sujet du vitrail, et par conséquent la véritable dédicace
de la chapelle. Celle qui forme le milieu de l'abside derrière
le chœur, était dédiée à saint Jean-Baptiste ; puis en partant
de celle-ci, du coté du midi, la première à saint Jacques et
à sainte Anne, la deuxième à saint Bonnet, la troisième à
sainte Foi et à sainte Marguerite, la quatrième à sainte
Agathe, la cinquième à saint Arthême ; et du côté du nord,
en partant de la chapelle de saint Jean, se trouvent la première dédiée à sainte Marie-Magdeleine et aux saints Agri-
cole et Vital, la seconde à saint Austremoine, et la troisième
à saint Georges, le patron des chrétiens en croisades. Tous
les vitraux des autres chapelles de la nef, qui avaient aussi
leur dédicace et qui devaient être exécutés dans le même
style, ont été détruits, on ne sait à quelle époque.

Entre autres dommages causés à la cathédrale par la grêle
du 28 juillet 1855, on doit citer celui qu'éprouvèrent les
vitres de la chapelle de saint Georges, et une partie de celle
de saint Austremoine. Appelé à restaurer ces vitraux, j'ai pu
les étudier à loisir ; j'ai même dessiné en entier le vitrail de
saint Georges ; il est le plus remarquable par la dimension
des sujets et par la richesse de ton des mosaïques qui leur
servent de fond et d'encadrement.

---

somé. **M. H. Langlois** cite des vitres du XIIIe siècle, existant dans une
petite église des environs de **Rouen**, qui ont pour bordure ce même
blason.

La fenêtre est divisée en quatre lancettes égales, séparées par trois meneaux, et terminées par une rose dentelée
et deux trèfles à quatre feuilles qui remplissent l'ogive.
Chaque lancette contient dix panneaux de 0,87 de large sur
0.66 de haut chacun (environ deux pieds huit pouces sur
deux pieds); chaque panneau renferme, dans un médaillon,
un trait de la vie du saint, les tourments de son glorieux
martyre, ses miracles et son apothéose (1). La grande rose
du milieu représente saint Georges armé de toutes pièces,
et revêtu de la tunique blanche à la grande croix rouge des
chevaliers croisés. Le cheval est entièrement caparaçonné
de blanc avec les croix rouges. Chaque dentelure de la rose
contient un portrait; celui du bas serait probablement le
portrait de saint Louis.

Il m'a été facile de reconnaître que ces vitres avaient été
endommagées et restaurées avec quelque soin au xve ou xvi^e
siècle; plus tard, de nouveaux accidents furent réparés sans
intelligence par les vitriers modernes. Et enfin, c'est au
mauvais goût du xviiie siècle que l'on doit la perte de tous

---

(1) Les décrets des conciles et les bulles des papes ont peu à peu fait disparaître les vieilles légendes de l'histoire des martyrs, et il serait, je crois,
fort difficile de les retrouver intactes; c'est ce qui a lieu surtout pour la vie
de S. Georges. Pie V supprima entièrement sa *Leçon* dans le bréviaire
romain. Cependant Louis Lipoman, évêque de Véronne, a fait traduire et
mis en lumière deux vies de S. Georges, martyr, écrites eu grec; l'une par
Métaphraste, l'autre par Pasicrates, serviteurs de S. Georges. C'est sans
doute à cette source qu'on pourrait trouver l'explication du vitrail. Certaines
vies des saints en rappellent bien quelques sujets; on reconnaît les différentes persécutions du saint, ses miracles, entre autres celui où il chasse le
démon des idoles; on le voit ailleurs précipité dans un puits de chaux vive;
dans un autre médaillon, le bourreau lui met aux pieds une chaussure de
fer chaud, qu'un ange lui rafraîchit aussitôt; plus loin il est attaché à un
poteau et déchiré avec des peignes de fer.

L'un des médaillons représente un personnage portant le bras, un autre
la tête du martyr, ce qui rappelle probablement la découverte de ces deux
reliques qui furent rapportées en France et à Rome.

Je ne hasarderai aucune explication sur les autres panneaux avant de
plus amples recherches.

les panneaux inférieurs de ces belles verrières : il fallait de la lumière à tout prix, comme si le jour mystérieux qui autrefois venait éclairer ces autels, ne convenait pas mieux au recueillement et surtout aux cendres qui reposaient sous les dalles.

Les vitraux supérieurs du chœur sont d'une disposition différente, mais doivent appartenir à la même époque ; car avant le xiv° siècle, on avait employé dans les croisées élevées des figures colossales dessinées dans le genre de celles qu'on ciselait au trait sur les tombeaux. Et ce même genre de figures se reproduit dans les hautes croisées de la cathédrale de Lyon et de Bourges. Les grandes figures de la nef à Saint-Séverin de Paris sont bien du xiv° siècle et ne ressemblent plus à celles-ci. Ce qui me ferait pencher en faveur de l'ancienneté de quelques-uns de ces vitraux élevés de Clermont et de Bourges, serait l'emploi fréquent d'un ornement consacré par les artistes byzantins, lorsqu'ils avaient à représenter le Christ, la Vierge, un saint ou même un roi. C'était un encadrement elliptique, mais représentant la forme de deux ogives réunies par leur base. Dans les peintures de la primitive église, ce trait suivait la forme du personnage, et servait à indiquer la lueur divine ou nimbe qu'on croyait devoir les entourer. Je suppose que cette espèce d'ellipse vint plus tard remplacer cette ligne peu gracieuse (1).

---

(1) On voit dans l'ancienne abbaye de St-Menoux, près Moulins, une ancienne sculpture byzantine, représentant le Christ ; il est assis au milieu d'un médaillon elliptique-ogival, aux quatre coins duquel sont placés les attributs des évangélistes. Il a néanmoins autour de la tête un nimbe circulaire où se trouve inscrite une croix grecque. Cette manière de placer un nimbe assez grand derrière la tête des saints, a prévalu pendant plusieurs siècles ; ils étaient d'abord ornés d'un simple perlé qui suivait le trait, puis au xv° siècle on y mêla des ornements plus ou moins compliqués ; mais aux xvi° et xvii° siècles, on leur substitua, surtout pour les tableaux, une auréole formée d'un simple linéament d'or placé en perspective au dessus de la tête. Quant à la forme elliptique-ogivale, elle a été fréquemment employée pour les sceaux, surtout ceux des chapitres ou des monastères.

La plupart des figures colossales des vitraux de Bourges, que j'attribue au xiiie siècle, sont placées dans des ellipses de ce genre, formés d'un simple ruban bleu ou rouge. A la cathédrale de Clermont un seul vitrail offre ce caractère, c'est celui qui rappelle la dédicace de l'église. Il est placé dans la principale fenêtre du chœur. Cette fenêtre n'a que deux lancettes, dans l'une est représentée la Vierge, et dans l'autre le Christ assis. Aux quatre coins de l'ellipse qui entoure la Vierge, sont placés des anges autour desquels on croit reconnaître la forme de quelques nuages; au dessous se lit cette inscription en caractères du xiiie siècle : SANCTA MARIA ASSVMPTA. La hauteur de ces deux personnages peut être de sept à huit pieds.

Les autres croisées du chœur étaient occupées par les douze apôtres et les douze prophètes, tenant chacun de longs *philactères*, assez disgracieusement déroulés. Ces vitraux sont en mauvais état ; la grêle de 1835 en a détruit deux. Le même fléau avait atteint la grande rose du nord, les vitres de la galerie placée au-dessous, et deux croisées à vitraux du xve siècle, de la nef. Sur un rapport de M. Schmit, maître des requêtes et chef de division, M. le ministre des cultes s'est occupé des moyens de pourvoir à cette restauration, dont une grande partie a déjà été faite avec quelques succès. On trouve encore des vitraux des deux premières périodes de l'art, mais plus ou moins complets, à Notre-Dame de Dijon, à la cathédrale de Limoges, à Saint-Germain-des-Prés, à Paris; à la cathédrale de Rouen et à celle de Strasbourg. On a conservé dans l'histoire de cette dernière basilique le nom d'un des artistes verriers, Jean de Kircheïm, qui vivait en 1348.

Les grandes fenêtres de la nef de la cathédrale de Clermont, furent peintes dans le goût de la 3e période ou xve siècle, par les soins de Jacques de Comborn, 80e évêque Clermont (1444).

Ces vitres, assez mal exécutées pour cette époque, avaient éprouvé un premier accident, réparé d'une manière

grossière avec des verres blancs badigeonnés à l'huile, lorsque l'orage du 28 juillet les détruisit presque entièrement.
La première, qui se trouvait plus abritée, laisse encore distinguer la figure de saint Jacques, patron du fondateur :
dans les amortissements de l'ogive, son nom en lettres de
cinq pouces, et dans le bas son écu d'or aux deux lions de
gueule, porté par des anges. Je ne parlerai pas des vitres
grossièrement peintes à l'huile au commencement de ce
siècle, et qui font face à celles-ci, elles n'ont pas même en
leur faveur le mérite d'une exécution passable. Les armoiries de Jacques d'Amboise, évêque de Clermont, en 1510,
et celles de la ville, qui se trouvent mêlées dans les rac-
commodages de ces croisées, feraient penser qu'il a existé
dans l'église des vitres peintes au xvie siècle; mais il n'en
reste que des débris sans suite.

Nous possédons en Auvergne la collection la plus précieuse des vitraux du xve siècle que l'on connaisse; je veux
parler de ceux de la sainte chapelle de Riom, fondée en
1382, par Jean de France, duc de Berry, mais achevée sans
doute beaucoup plus tard. Cet édifice, enlevé au culte depuis 1793, fait maintenant partie du nouveau palais de justice. L'ancienne salle des gardes par laquelle on y arrivait,
a été remplacée par un vaste escalier et un vestibule servant
de salle des *pas-perdus*; la chapelle a été divisée en deux
étages; le premier est consacré à une salle d'audience, et le
second au dépôt des archives. On n'a rien trouvé de mieux
que de faire de l'édifice consacré à Dieu par nos pères,
le *sanctuaire de la justice*, d'autres diraient l'antre de la chi-
canne.

On se console un peu de ces dispositions, parce qu'elles
ont sauvé peut-être ce bel édifice de sa destruction, et
qu'elles permettent d'étudier de près et à loisir les magnifiques vitraux qui le décoraient (1). J'ai passé de délicieuses

---

1. La partie basse de ces grandes croisées, celle qui donne maintenant

journées de méditation, en dessinant devant ces immenses pages transparentes, dont les auteurs n'ont laissé aucune trace de leur passage. En effet, la tradition ne nous a transmis ni les noms des peintres verriers, ni l'époque certaine du placement de ces vitraux.

Il n'entre pas dans mon sujet d'en donner une description détaillée, que mes études et mes recherches me rendraient facile, mais qui dépasserait les bornes de cette notice, et ne remplacerait jamais la vue du monument ou des dessins exacts. Je dirai seulement que, pour toutes les croisées latérales, les verriers ont suivi le style du xve siècle, que j'ai décrit en détail quelques pages plus haut. Je signalerai de plus le fait suivant, facile à vérifier, sans me hasarder à en conclure pour la date plus ou moins récente de ces vitraux.

La croisée centrale de l'abside, au milieu des mutilations nombreuses que lui ont attirées les blasons fleurdelisés, laisse très-bien reconnaître la disposition générale du vitrail, dont le sujet principal est assez conservé; il consiste en deux personnages représentés, selon l'usage du temps, à genoux, les mains jointes, et leur patron derrière eux. Je suppose que ces deux personnages sont un duc et une duchesse de Bourbon, le patron du duc doit être saint Louis; il lui manque tout le buste; d'une main il tient un sceptre, et de l'autre, il semble protéger le duc; son manteau est bleu, semé de fleurs-de-lis d'or. La patronne de la duchesse m'a semblé devoir être sainte Marguerite, et mon opinion paraîtrait d'autant mieux fondée, que, dans les trèfles des deux croisées les plus rapprochées, l'artiste a placé les principaux traits de la vie de saint Louis et ceux de la vie de sainte Marguerite (1).

---

dans la salle d'audience, a été dégarnie de ses vitraux, sans qu'il en reste de trace: c'était pour donner plus de lumière à la cour. C'était sans doute pour en donner aussi aux archives, qu'on a remplacé une croisée entière par du verre blanc, sans chercher à conserver ces précieuses vitres, dont quelques débris insignifiants gisent dans un coin de la salle.

1. Ces petits sujets sont de véritables chefs-d'œuvre, derniers reflets

L'église de Notre-Dame du Marthuret, de Riom, a dû
posséder des vitraux du même temps, et peut-être de la
même main, à en juger par quelques fragments assez complets.

Henri Mellein, peintre verrier, privilégié par Charles VII,
exécuta, vers la fin du xve siècle, un grand nombre de vitraux, et notamment ceux de l'hôtel de Jacques-Cœur, à
Bourges; la plupart de ces beaux vitraux reçurent un asile
au musée des Petits-Augustins.

Les vitraux du xvie siècle sont innombrables, et mérite-
raient presque tous des descriptions détaillées ; mais pour me
renfermer dans le cadre que je me suis imposé, je ne don-
nerai que quelques indications, qui commenceront encore
par un monument de l'Auvergne, la sainte chapelle de Vic-
le-Comte. Elle fut le troisième édifice de ce genre, élevé
par la piété de nos ducs ou comtes d'Auvergne. Cette sainte
chapelle fut fondée au commencement du xvie siècle par
Jehan Stuart, duc d'Albanie, prince d'Ecosse, qui épousa
Anne de Latour, dite de Bologne, comtesse d'Auvergne (1).
Dulaure, qui, dans tout le cours de sa *Description d'Auvergne,*
ne fait aucune mention des vitres des autres églises, fait
cependant l'éloge de celles de Vic-le-Comte, et en donne
la description suivante :

« Les vitraux de la chapelle offrent encore des peintures
magnifiques. Ceux du côté droit représentent tous les mys-
tères de la passion, et ceux du côté gauche, toutes les
figures de l'Ancien Testament, qui y ont rapport; ainsi la
manne du désert correspond au mystère de l'eucharistie, etc.

» Un des principaux vitraux représente, dans sa partie la
plus élevée, David avec ses descendants jusqu'à la Vierge;
au-dessous sont les portraits de *Jean Stuart* et d'*Anne de la*

---

des traditions du moyen âge ; mais ils sont entièrement perdus pour les
curieux qui n'osent pas s'étayer sur les tablettes vermoulues des archives.

(1) Justel. hist. gén. de la maison d'Auvergne.

Tour d'Auvergne, sa femme, fondateurs du chapitre ; ils sont l'un et l'autre représentés à genoux devant un prie-Dieu chargé de leur blason. Jean Stuart a sur ses épaules un camail sur lequel est le collier de l'ordre de Saint-Michel, et son épouse porte au bras un aumusse (1). »

Au milieu des mutilations nombreuses que cet édifice a subies dans plusieurs de ses parties, on a à regretter la perte de tout le vitrail du milieu, où étaient représentés les deux donateurs, et quelques panneaux du bas des deux croisées latérales. Les sujets de ces deux verrières étaient contenus dans des panneaux carrés et sans entourage, de deux pieds en tout [sens, et exécutés avec beaucoup de talent, partie en grisaille, partie en verres colorés, comme quelques vitraux du même temps de Notre-Dame de Moulins. Les costumes donnés aux personnages de l'ancien et du nouveau Testament, sont ceux du temps de François Ier.

L'église de Notre-Dame-de-Brou, qui est devenue le but du pèlerinage obligé de tous les amateurs de l'art au moyen âge, dont elle résume le dernier effort par un chef-d'œuvre, possède de très-beaux vitraux du commencement de la quatrième période, 1511 et 1556.

Ce monument fut édifié près de Bourg en Bresse, par les soin de Marguerite, fille de Maximilien d'Autriche. Rien ne fut épargné pour en faire l'édifice religieux le plus somptueux qu'on eût vu jusqu'alors. Grâce à sa transformation en magasin à fourrages pendant les temps désastreux de la révolution, cette église s'est conservée presque aussi intacte qu'au jour de sa consécration. Les vitraux sont peut-être la partie qui a le plus souffert autant de la grêle de 1559 que des orages politiques. Plusieurs sont incomplets, d'autres mutilés, puis raccommodés sans intelligence. La plus grande partie des fenêtres du chœur étaient chargées d'écussons cons-

---

(1) Ces deux figures sont gravées dans l'Histoire de la maison d'Auvergne, par Baluze.

tatant les alliances de la maison d'Autriche. Le père Rousselet, historien minutieux de cette église, a consacré de nombreuses pages à la description de ces vitraux; il blasonne environ soixante-neuf de ces écussons. Il en reste beaucoup moins maintenant. Beaucoup de portraits historiques ont aussi disparu, et l'un des sujets les plus remarquables, les *disciples d'Emaüs*, est très-mutilé (1).

Je n'hésite pas à mettre au-dessus de ces vitraux un peu trop prônés par les personnes qui n'en ont pas visité d'autres, ceux que possède la cathédrale de Bourges dans les chapelles latérales de la nef et d'une partie du chœur, vitraux auxquels a travaillé *Jean Lequier;* mais surtout ceux de la petite église de Saint-Bonnet de la même ville. Ces vitraux sont dans un état parfait de conservation; ils ont été peints en grande partie par Laurence Fauconnier, en 1544.

Enfin on pourrait citer les églises de Beauvais, de Chartres, de Saint-Gervais de Paris, et de Vincennes, qui possèdent des vitres remarquables du xvie siècle, par Nicolas Le Pot, Pinaigrier, Jean Cousin et autres. Et dans le Midi les magnifiques vitraux de la cathédrale d'Auch, exécutés par *Arnaud Molés* ou *Desmoles*, en 1525 (2).

Les vitraux exécutés entièrement en grisailles ont abondé vers la seconde moitié du xvie siècle, surtout en Hollande et dans les Pays-Bas. On a vanté beaucoup les vitraux du

---

(1) Il n'est pas hors de mon sujet de rappeler l'attention des curieux sur le pavage en carreaux émaillés de l'église de Brou. Ceux du chœur surtout sont très-remarquables, et ne le cèdent en rien aux célèbres faïences italiennes du xvie siècle. L'ensemble représente un entrelacs très-gracieux, entourant des médaillons qui contiennent un buste ou un ornement. C'est surtout près des murs, où le frottement des pas a eu moins d'action, qu'on peut étudier cette espèce de mosaïque monochrome. Le père Rousselet ne fait pas mention de ce pavage, et je ne connais aucune notion écrite à ce sujet.

(2) M. Lettu vient de rendre impérissable l'histoire des merveilles de cette belle cathédrale, en publiant sa description, accompagnée de dessins fidèlement et habilement exécutés.

château d'Anet, près de Chartres; on les croyait de l'invention et de la main même de Philibert Delorme. Ces vitraux
ont été presque entièrement dispersés.

Une partie des belles grisailles du palais de justice de Dijon
subsistent encore, et méritent d'être restaurées et continuées.

La cathédrale de Moulins possédait un sujet de douze pieds
sur vingt environ, entièrement exécuté en grisailles; il re-
présentait la mort de la Vierge, sujet fréquemment traité par
les peintres du xvie siècle (1). Une tapisserie donnée par
Jacques d'Amboise, évêque de Clermont, à la cathédrale,
représente aussi la mort de la Vierge.

Les vitraux du xviie siècle sont plus rares; et encore les
plus remarquables de cette dernière période de l'art ne datent-
ils que du commencement du siècle. La cathédrale de Bourges en possède un très-beau dans la chapelle de Montigny,
la première en entrant à gauche dans la nef.

Le vitrail qui est conservé à Saint-Etienne-du-Mont résume à lui seul l'état de la peinture sur verre à cette époque.
Le principal sujet est une allégorie connue sous le nom de
Pressoir mystique (2). Cette allégorie, composée pendant
le siècle précédent, par *Robert Pinaigrier*, fut reproduite,
de 1610 à 1618, par *Nicolas Pinaigrier*, petit-fils de *Robert*.
Ce vitrail est exécuté avec beaucoup d'adresse dans le genre
des vitraux suisses, c'est-à-dire, par l'emploi réuni de la
peinture sur verre, proprement dite, et de la peinture sur
verre coloré dans la masse.

Cet art qui touchait à sa décadence, quant à son emploi,

---

(1) Il reste à peine le quart de ce vitrail, dispersé dans plusieurs fenêtres.
M. Dufour, de Moulins, en rétablit avec talent le dessin qui fut gravé
dans le bel ouvrage de *l'Ancien Bourbonnais*.

M. le ministre des cultes, à la sollicitation de Mgr. l'évêque de Moulins
et du préfet de l'Allier, M. Edm. Méchin, s'est occupé des moyens de
rétablir d'une manière convenable, les vitraux de la nef et du chœur, et
principalement de restaurer le vitrail de la mort de la Vierge. Ces travaux
m'ont été confiés.

2 Sauval en donne la description détaillée dans son histoire de Paris.

ne produisit à la fin du XVIIe siècle que des travaux peu importants, et qui s'éloignaient toujours davantage des premières traditions, je veux parler des vitraux que Guillaume. Le Viel, aïeul de l'écrivain, exécuta, vers 1685, pour la cathédrale d'Orléans. Ces vitraux existent encore.

On peut voir enfin les derniers reflets de cet art si remarquable, dans les frises peintes au XVIIIe siècle, dans une grande partie des églises de Paris, et notamment à Saint-Sulpice, où l'on remarque même, dans les fenêtres du haut du chœur, quelques grands sujets peints sur verre; espèce de camayeux d'après les tableaux de Lebrun, d'un effet terne et opaque.

État actuel de la Peinture sur verre.

Pendant que la peinture sur verre était oubliée et abandonnée en France, au point d'en croire les procédés perdus. l'Angleterre, mais surtout l'Allemagne qui a conservé dans ses mœurs comme dans sa littérature ce parfum des temps de foi et de chevalerie, cultivaient encore avec succès, mais sans grande extension, cet art que nous étions arrivés à mépriser. On se bornait à entretenir avec soin les anciennes verrières, et on en produisait peu de nouvelles.

Le goût bâtard du directoire et le style exclusif de l'école classique de l'empire, n'étaient guère propres à faire revivre la peinture sur verre en France; aussi les premiers essais en ce genre passèrent-ils inaperçus. Un peintre anglais, M. Dihl. venait de faire paraître un genre de peinture vitrifiée entre deux glaces. Ce moyen extrêmement dispendieux, et de plus d'un emploi presque inapplicable, fut précisément celui par lequel la manufacture royale de Sèvre fit son apprentissage en peinture sur verre. Aussi, rebutée par des tâtonnements sans nombre et surtout par l'indifférence complète qui régnait pour cet art, se laissa-t-elle devancer, au moins dans les expositions, par un artiste chimiste, M. Mortelèque. qui exposa de 1811 à 1823 différents *tableaux* peints sur verre et cuits à la moufle, c'est-à-dire, faits par le procédé connu des anciens sous le nom de *verre émaillé* (1) (et non *peinture en apprêt*), sans le concours des verres teints. M. Mortelèque a poussé jusqu'à la perfection ce genre de peinture, qui a le seul défaut d'être trop cher et inapplicable aux grandes verrières.

Cependant le directeur de la manufacture de Sèvre ne resta pas long-temps en arrière, stimulé qu'il était par le désir de soutenir la gloire d'un établissement national. M. de Chabrol, préfet de la Seine, venait en effet de faire exécuter à Londres, dans les ateliers de Colins, trois vitraux dans le style moderne, pour l'église de Sainte-Elisabeth, et en même temps il se formait, sous la direction de M. le comte de Noë, des ateliers où un artiste anglais, M. Jhones, exécutait trois croisées semblables à celles venues de Londres, pour la même église. Ces vitraux furent exécutés sur de grands carreaux de verre blanc et entièrement teints et peints à la moufle ; je dis teints, car on remarque des draperies d'un beau rouge, pour lesquelles le fond du verre est teint à la moufle par l'oxide d'argent (2).

Jusqu'alors c'était un parti pris par les nouveaux peintres sur verre, de lutter contre la difficulté, et de se passer entièrement de verres peints. Ce n'est qu'après que M. Bontemps, directeur de la verrerie de Choisy-le-Roi, eut livré au commerce du verre de couleur de toutes les teintes, et surtout du verre rouge, que l'on vit paraître, en 1832, un vitrail exécuté par les deux procédés réunis, et destiné à la chapelle du château d'Eu, et un autre pour la chapelle du château de Randan. Ils étaient peints par MM. Vatinel et Béranger, d'après le tableau de M. de Laroche et les cartons de M. Chenavard, tous attachés à la manufacture royale.

Depuis cet essai qui fut très-satisfaisant, la peinture sur

---

(1) M. A. Brongniart, déj. cit.

(2) Ce moyen inconnu des anciens, tient à une certaine qualité ou formule du verre blanc.

verre a pris une extension extraordinaire, et qui fait espérer de voir cet art aussi répandu qu'il l'était aux XVIe et XVIIe siècles.

A son exposition de cette année, la manufacture royale de Sèvre marchait avec le mouvement, mais non à la tête ; ses vitraux, si largement payés par la liste civile, brillaient par le talent des habiles artistes qui avaient donné les cartons ; mais les procédés n'offraient aucun progrès sensible ; le peintre verrier, en examinant ces vitraux, y reconnaissait même une foule d'imperfections matérielles , et surtout la *peine* à obtenir certains tons, certains effets.

Quant à l'entente du vitrail monumental, je crois que les artistes royaux ont besoin de faire des études plus sérieuses sur les vitraux anciens; ils y verront bientôt, j'en suis sûr, que leurs prétendues améliorations sont encore dans une mauvaise voie. Telles sont du moins les observations que m'a suggérées l'examen attentif des vitraux destinés à la grande fenêtre de l'église d'Eu. Je m'associe toutefois aux éloges, bien mérités d'ailleurs, que les journaux ont prodigués à cette vaste application de la peinture sur verre moderne. On admirait à la même exposition de charmants tableaux sur verre, par MM. Regnier et Béranger, qui semblent affectionner cette spécialité du vitrail; et enfin, la vaste composition qu'Aimé Chenavard semble avoir voulu nous léguer, avant de nous être enlevé à la fleur de l'âge. Ce magnifique vitrail résume dans une foule d'allégories et d'ornements habilement liés, l'époque brillante de la renaissance, avec tout son cortége d'inventions et de découvertes (1).

Chenavard avait fait faire un pas immense à l'art appli-

---

1) La revue qui a pour titre l'Artiste, a donné un article fort détaillé sur cette partie de l'exposition des produits de la manufacture royale de Sèvre. Cet article est de M. Eugène Baréste, qui avait inséré dans le même recueil quelques articles fort remarquables sur la peinture vitrifiée.

qué à l'industrie, et la manufacture de Sèvre se ressentira
encore long-temps de la perte d'un homme à qui elle devait
d'être sortie de la routine où l'avait laissée l'école de l'empire.
Chenavard peut aussi être placé au rang des peintres sur
verre distingués, quoiqu'il se soit peu occupé de reproduire
lui-même ses cartons sur le verre.

J'ai dit que la manufacture de Sèvre ne fait que marcher
avec le mouvement, au moins quant à la peinture sur verre.
Et les manufactures de province entreront toujours avec un
avantage réel dans la lutte, puisqu'elles peuvent produire
aussi-bien et à meilleur marché. Ces manufactures n'ont
point d'exposition au Louvre; mais elles ont, ce qui vaut
bien autant pour étaler leurs produits, les antiques cathédrales qu'elles s'occupent à restaurer dans le silence de la
vie de province, ayant constamment sous les yeux les modèles des siècles passés.

L'art moderne a déjà suscité des théories et des discussions sans nombre, et je ne puis faire autrement que de jeter
aussi ma faible opinion dans la balance. Quelques enthou-
siastes de l'art ancien l'ont préconisé outre-mesure; j'aime
à croire qu'ils ont parfaitement compris l'œuvre de nos anciens artistes, qu'ils se sont intimément pénétrés de la su-
blime naïveté de toutes ces épopées religieuses, semées au
moyen âge sur les verrières et les missels; j'admets l'excel-
lence de leurs théories; je voudrais, comme ils le veulent.
que la foi fût assez vive parmi nous, les mœurs assez simples,
et la science du dessin même assez arriérée, pour que ces
théories fussent mises en pratique. Malheureusement notre
époque est encore un reflet vivant de celles qui l'ont pré-
cédée, je veux dire la réforme et plus tard la prétendue phi-
losophie, et elle ne peut accepter, sans les modifier, les traditions du moyen âge.

Grâce au zèle et au courage de quelques hommes ardents;
grâce surtout à la position pleine de dignité, où le clergé de
France a su se placer par ses lumières et ses vertus, les
idées religieuses commencent à prévaloir; mais la foi, en

rentrant dans les cœurs, n'y règne plus comme, aux temps anciens, entourée de tous les prestiges des légendes et des vieilles traditions. Il y a encore du philosophisme dans la croyance; on veut raisonner avant de croire, et il faudra bien des années avant que cette tendance vers les idées religieuses ait amené des résultats sérieux. Une réaction régénératrice ne marche pas aussi vite que celle qui a pour but de détruire sans rien remplacer.

Mais encore, en admettant la foi et les idées religieuses bien établies, peut-on faire rétrograder l'art ? Je ne le crois pas.

On a admis généralement le style ogival ou *gothique* comme type de l'art chrétien : le style romain et bysantin pourraient réclamer le même honneur, et par leurs rapports avec l'architecture antique ils se rapprocheraient davantage de notre architecture moderne. Ne pourrait-on pas alors employer pour les monuments religieux de notre époque, une architecture mixte, qui aurait quelque rapport avec celle de la renaissance ? Mais pour ne parler que de la décoration intérieure de nos monuments religieux et surtout des vitraux peints, qui en font une partie essentielle, voici mon avis :

Dès qu'il n'est question que d'une restauration de vitraux existants, mais seulement mutilés, il n'est pas douteux qu'on ne doive s'attacher à reproduire tout ce qui constitue le reste du vitrail, jusqu'aux imperfections de dessin et même la teinte factice du temps. Lorsqu'auprès d'anciens vitraux il s'agit d'en rétablir en entier de nouveaux, l'artiste a un peu plus de latitude ; il peut, je crois, tout en conservant le caractère des anciens vitraux, donner plus de mouvement, plus d'expression à ses figures et plus de correction dans le dessin. Le même principe peut s'appliquer à plus juste titre, lorsque toute une ancienne église est dépouillée de verrières peintes, ou qu'une église moderne est disposée pour en recevoir : alors, tout en appropriant les ornements accessoires au style de l'édifice, on doit donner aux figures toute la science de composition et d'exécution que l'on possède.

Quelques artistes ont retranché leur médiocrité derrière une prétendue imitation de l'art ancien ; ils n'ont pas vu que ce qui est *naïveté* chez les anciens, n'est que *charge* et *ridicule* sous leurs pinceaux.

Etudions les monuments du moyen âge, conservons-les ; mais conservons aussi le bon goût dans les beaux-arts en général, et mettons le plus de discernement possible dans les emprunts que nous faisons aux siècles passés.

Il est aisé de comprendre, par le peu d'extension que j'ai donné à ces réflexions, qu'elles ne sont qu'un sommaire, qu'un canevas à remplir. Si, comme je n'en doute pas, des discussions qu'elles peuvent soulever, jaillit quelque lumière ; si quelques renseignements nouveaux en résultent, je serai heureux d'avoir pu y contribuer par mes faibles travaux.

APPENDICE

SUR LA

MANUFACTURE

DE

VITRAUX PEINTS,

CRÉÉE PAR L'AUTEUR,

A Clermont-Ferrand *(Puy-de-Dôme)*.

APRÈS avoir fait l'historique de la peinture sur verre, avoir donné un aperçu de ses divers genres et procédés, et démontré que ces procédés n'avaient jamais été perdus, j'ai pensé que le complément de ce travail, la mise en pratique, pour ainsi dire, des principes que j'ai cherché à établir, était une notice sur ma manufacture de vitraux peints, le premier établissement de ce genre qui ait été formé en Auvergne, et même en province, avec l'extension que je lui ai donnée.

Je ne chercherai pas à écarter le motif d'intérêt matériel qui a pu me porter à cette addition, parce qu'il est vrai qu'il a existé dans ma pensée. Ceux donc qui ne voudraient voir dans cet écrit que le moyen de faire passer un *prospectus industriel*, auront raison ; ceux qui voudront bien voir dans ce prospectus, l'exposé, la suite de mes recherches technologiques, auront encore plus raison : je désire que l'un amène la lecture de l'autre.

Marchant avec mon époque, j'ai voulu faire marcher de front la science (si science il y a), les arts et l'industrie.

Voici l'aperçu que donnait Le Viel sur un atelier d'un peintre sur verre du moyen âge : « Il fallait, dit-il, dans cet atelier, des dessinateurs et des peintres, pour arrêter et colorier les cartons ; des découpeurs de carton et de verre, des groiseurs, des broyeurs, des peintres sur verre, pour y peindre les traits ; des recuiseurs ; des fondeurs et tireurs de plomb et de soudure, enfin des metteurs en plomb ; il fallait encore des poseurs et des scelleurs en plâtre ou mortier, quand l'ouvrage était en place. »

Aucun des éléments nécessaires pour former un atelier de ce genre, n'existait, lorsque je créai mon établissement ; il me fallut, à grands frais, former des ouvriers ou des artistes à ces divers travaux, élever des fours, faire de forts approvisionnements de verres blancs et colorés. Je crus, de plus, devoir ajouter à cette imitation des vastes ateliers du moyen âge, différentes applications de l'art de la peinture sur verre, application inconnue des anciens, et en rapport avec nos besoins de luxe ou d'industrie ; enfin, j'établis, comme complément indispensable, un laboratoire de chimie.

Je donne ci-dessous une division détaillée des différents genres de travaux de mon établissement, et je préviens d'abord que, ne perdant pas de vue le grand principe de notre époque, « *bien et à bon marché,* » j'ai fait en sorte que, par des combinaisons et des *terme moyen* à l'infini, la paroisse la moins riche puisse, comme la cathédrale largement dotée par le gouvernement, se parer de verrières peintes. Mes calculs sur ce point ont été tels que souvent le prix d'un vitrail légèrement orné, ne serait guère plus élevé qu'un simple vitrail en verre blanc.

Quant aux vitres destinées aux édifices privés, j'ai cherché et obtenu à peu près le même résultat.

1re DIVISION.

1°. VITRAUX HISTORIQUES *et monumentaux*, exécutés dans le style du monument religieux qu'ils devront décorer, sui les cartons fournis par les architectes, ou composés dans ma manufacture ;

2°. VITRAUX A ORNEMENTS et à petits sujets légendaires. Fonds de mosaïque ;

3°. VITRAUX A COMPARTIMENTS COLORÉS, mêlés d'ornements ;

4°. *Même genre plus simple*, mais toujours mêlé de fleur ons peints.

De cette manière, on sera toujours sûr, en me demandant des vitraux à compartiments, d'obtenir autre chose que de la simple vitrerie colorée, et cela sans augmentation de prix.

2ᵉ DIVISION.

VITRAUX du même genre que ceux de la première division, mais exécutés en *peinture émaillée sans mise en plomb;* ce genre convient plus spécialement aux oratoires, chapelles, et en général, à toutes les fenêtres rapprochées de l'assistant.

3ᵉ DIVISION.

VITRAUX D'APPARTEMENTS. Ces vitraux sont comme les simples verres à vitre, en carreaux de toutes dimensions. Ils se subdivisent en différents genres et de prix divers ; les moins chers sont ceux dont le but est de remplacer, avec avantage et économie, les petits rideaux de mousseline, dont ils imitent la transparence et le dessin. Les autres, tout en remplissant le même but, peuvent être ornés de fleurs, arabesques, bordures, portraits même, ou bien chargés d'inscriptions, noms, devises, etc.

4ᵉ DIVISION.

Peinture vitrifiée appliquée aux écriteaux de rue, qu'elle rend ineffaçables ; aux étiquettes de flacons de pharmacie ou de chimie, pour les réactifs ; à la décoration des cristaux de luxe ; et enfin, aux produits volcaniques, pour des pan-

...eaux de grande dimension qu'on ne pourrait obtenir en
faïence ou en porcelaine, qu'à grands frais.

C'est surtout pour les étiquettes vitrifiées, que ce genre
de peinture est de la plus grande importance.

5e **DIVISION.**

LABORATOIRE DE CHIMIE. Outre les besoins de la manufacture auxquels ce laboratoire est appelé à subvenir, on y
prépare tous les émaux et couleurs propres à la peinture en
émail, sur porcelaine et sur faïence fine. On se charge même
d'y faire, avec toute la discrétion et tout le désintéressement
possibles, les essais ou analyses relatifs à la chimie, ainsi
que quelques préparations en grand.

Je ne rangerai pas dans une division particulière les verres
de couleurs que, par mes relations continuelles avec les
verreries, je puis livrer au commerce avec avantage.

Telle est la composition actuelle de la manufacture de vitraux peints, que je créai il y a peu d'années, et qui a déjà
enrichi de ses produits un assez grand nombre d'églises et
exécuté des travaux de restauration importants. Il sera facile
de juger, d'après l'aperçu très-incomplet que j'en donne,
des ressources qu'elle possède pour exécuter des travaux de
longue haleine, dans un assez court espace de temps, et de
l'importance qu'elle peut acquérir, si je suis appuyé et en-
couragé, comme je dois dire que je l'ai été jusqu'à ce jour.

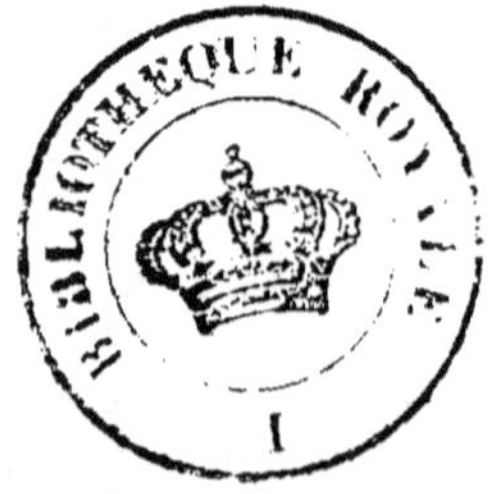

CLERMONT. IMPRIMERIE DE THIBAUD-LANDRIOT.